Regards croisés sur les conditions d'une modernité arabo-musulmane

Mohammed Arkoun et Mohammed al-Jabri

Islams en changement

Collection dirigée par Felice Dassetto,
en collaboration avec la direction du Cismoc (UCL)

Cette collection vise à présenter et diffuser auprès d'un large public des travaux portant sur l'islam avec une attention particulière aux changements en cours dans le monde contemporain. Les textes sont issus de recherches universitaires, de mémoires de maîtrise ou de colloques particulièrement originaux pour le terrain étudié, la capacité interprétative ou leur apport de synthèse. Les travaux présentés proviennent de domaines disciplinaires divers : anthropologie, sociologie, psychologie, droit, sciences politiques, sciences des religions, islamologie.

1. Felice DASSETTO, *La rencontre complexe. Occidents et islams,* 2004.
2. Felice DASSETTO, *Discours musulmans contemporains. Diversité et cadrages,* 2011.
3. Younous LAMGHARI, *L'islam en entreprise. La diversité culturelle en question,* 2012.
4. Maria CHRISTODOULOU, *Amour, islam et mixité. La construction des relations au sein des couples musulman/non-musulman,* 2012.
5. Ghaliya DJELLOUL, *Parcours de féministes musulmanes belges. De l'engagement dans l'islam aux droits des femmes ?,* 2013.
6. Dominique CABIAUX, Françoise WIBRIN, Luan ABEDINAJ et Laurence BLÉSIN (coordonné par), *Neutralité et faits religieux. Quelles interactions dans les services publics ?,* 2014.
7. Naïma EL MAKRINI, *Regards croisés sur les conditions d'une modernité arabo-musulmane. Mohammed Arkoun et Mohammed al-Jabri,* 2015.

Regards croisés sur les conditions d'une modernité arabo-musulmane

Mohammed Arkoun
et Mohammed al-Jabri

NAÏMA EL MAKRINI

Mes sincères remerciements vont aux membres du CISMOC et, tout particulièrement, aux professeurs Felice Dassetto et Brigitte Maréchal pour leurs précieux conseils, leur confiance, leur soutien et, surtout, leur relecture finale, qui m'a permis de préciser mes propos.

Je tiens également à exprimer ma reconnaissance aux professeurs Cécile Bonmariage et Abdessamad Belhaj qui m'ont donné l'envie de réaliser ce travail et qui m'ont soutenue par leurs critiques constructives.

Grand merci à Marie-Charlotte Declève pour sa relecture fine, attentive, et pour la mise en page de cet ouvrage, ainsi qu'à l'Institut d'analyse du changement dans l'histoire et les sociétés contemporaines (IACCHOS) et à l'Institut de recherche Religions, spiritualités, cultures, sociétés (RSCS) de l'Université catholique de Louvain (UCL).

Enfin, je remercie le Fonds Edmond Fagnan (Académie royale de Belgique) pour le soutien accordé à mes démarches de recherche et de publication du mémoire réalisé dans le cadre du master en sciences des religions.

Grand'Place 29
B-1348 Louvain-la-Neuve

D/2015/4910/39
ISBN : 978-2-8061-0242-3

Imprimé en France

www.editions-academia.be

Introduction

Deux auteurs maghrébins autour d'un tournant épistémologique

La question de l'islam et de la modernité domine le débat entre les intellectuels musulmans depuis plus d'un siècle. Mais cette opposition entre religion et modernité n'est pas spécifique au monde musulman : à un moment donné de son histoire, l'Europe a également dû faire face à cette opposition. Néanmoins, aujourd'hui, en Occident, religion et modernité semblent avoir trouvé un *modus vivendi*, l'avènement de cette dernière s'étant faite parallèlement à des transformations culturelles, sociales et économiques. Ce n'est pas le cas dans les pays musulmans. En effet, le monde musulman n'a pas connu de révolution industrielle, intellectuelle ou sociale. Il faut pourtant noter les transformations que les sociétés musulmanes connaissent aujourd'hui. Certes, elles sont lentes, mais placent néanmoins les sociétés musulmanes face au défi de la modernité. Malgré un certain réveil islamique qui prend des formes revendicatives sociales et politiques, la modernisation est bel et bien en marche. La modernisation de certains secteurs de l'État et de la société est manifeste. En effet, l'ordre islamique traditionnel cohabite avec un modèle plus moderne et d'inspiration occidentale. Ce qui crée des tensions et divise les penseurs musulmans quant à la voie à suivre.

Depuis la fin du XIXe siècle, la pensée musulmane est préoccupée par la question de la modernité. L'expansion européenne dans le monde musulman a constitué un premier choc et a suscité diverses réactions intellectuelles et politiques. Le mouvement réformiste, al-salafiyya, va particulièrement marquer l'histoire de la pensée musulmane en cette période. En effet, plusieurs intellectuels réformistes, comme Jamāl al-Dīn al-Afghānī (m. 1897) et Muhammed ‘Abduh (m. 1905), ont tenté de trouver une réponse au défi de cette rencontre avec la modernité et avec l’Occident. Ces penseurs réformistes ont aussi essayé de comprendre le décalage civilisationnel entre l’Occident et le monde musulman. Ils ont formulé les premières réponses à deux thématiques : d’une part, la relation à l’Autre (principalement la culture dominante occidentale) et, d’autre part, leur rapport à leur propre tradition religieuse. Au départ, le but principal était de concilier la donne islamique et celle de la modernité. En effet, ces penseurs considéraient que l’islam pouvait tout à fait s’intégrer à la modernité. Ces réformateurs préconisaient un retour aux sources de l’islam et conseillaient de s’inspirer de la conduite des pieux ancêtres, avec la volonté de distinguer l’essentiel des connaissances accumulées au cours des siècles.

La pensée réformiste a exercé son influence jusqu’à l’indépendance des pays musulmans dans les années 1950 et 1960. Par exemple, le réformisme de la salafiyya a inspiré les mouvements d’indépendance en Algérie et au Maroc. Au lendemain de l’indépendance se forgent un nationalisme arabe et une pensée de gauche à prédominance marxiste, et des états militaires à tendance socialiste et nationaliste voient le jour. Après la défaite de 1967, lors de la guerre des Six Jours, le climat devient propice à l’émergence d’un courant plus religieux d’autant plus séduisant que les expériences nationalistes et laïques se sont montrées décevantes. Entretemps, le courant réformiste religieux se radicalise et vire à l’activisme politique. Dès lors, on assistera peu à peu à l’effondrement des courants nationalistes. L’échec de l’arabisme aura comme conséquence le triomphe de deux protagonistes : l’Arabie saoudite et la révolution islamique en Iran en 1979.

Depuis lors, d’autres initiatives théoriques ont vu le jour. Par crainte de voir les sociétés arabo-musulmanes engagées dans un obscurantisme légitimé par une instrumentalisation de la religion, des intellectuels prôneront une pensée différente, compatible avec les valeurs modernes telles que la démocratie ou le pluralisme. La composante islamique dans ces initiatives théoriques reste encore très importante, car elle permet une légitimité intellectuelle au sein des sociétés musulmanes. C’est d'ailleurs cet élément qui déterminera les projets intellectuels des deux penseurs auxquels notre ouvrage est consacré.

La question fondamentale que les penseurs musulmans de toute tendance abordent depuis des décennies est : comment vivre la modernité sans rejeter l'héritage religieux et civilisationnel islamique ? Cette question agite encore les consciences musulmanes aujourd'hui. Au départ, la majorité de ces réformateurs proposaient une réforme interne de la tradition religieuse musulmane en se limitant à un retour exclusif aux sources et à un simple renouvellement de la lecture des sources scripturaires. Souvent, ils avaient suivi une formation dans les institutions religieuses. Par conséquent, leur vision était davantage traditionaliste. En revanche, les nouveaux penseurs sont de plus en plus souvent formés au sein d'un système d'éducation plus moderne et laïc. Ils sont eux-mêmes des produits de la modernité. De plus, une majorité a étudié en Europe ou aux USA et connaît les savoirs occidentaux. Contrairement à la génération d'al-Afghānī et d''Abduh, les penseurs musulmans des générations suivantes sont parfois très critiques envers l'héritage islamique et adoptent des positions moins virulentes par rapport à l'Occident.

Ces penseurs contemporains sont issus de différentes mouvances intellectuelles, du plus conservateur au plus libéral, en passant par les penseurs musulmans dits modérés. Les solutions et méthodes proposées par ces intellectuels pour un processus de modernisation dans les sociétés musulmanes varient et ne font pas l'unanimité. Cette diversité reflète celle du public auquel ces penseurs s'adressent et des penseurs eux-mêmes. Un de leur principal défi consiste à construire une pensée pouvant répondre à la question des conditions de l'émergence d'une modernité arabo-musulmane.

Les chapitres qui suivent constituent une première étape dans l'étude systématique des projets critiques de ces auteurs. En effet, cet ouvrage se veut une tentative de comparaison entre Mohammed Arkoun et Mohammed al-Jabri. Ces deux auteurs marquent, parfois de manière très différente, la critique de la culture arabo-musulmane. La comparaison se situe surtout au niveau de leurs conceptions des outils de la critique, de l'étendue de cette critique et de ses implications dans la pensée musulmane contemporaine. La pensée de M. Arkoun bénéficie de l'attention des chercheurs en Occident, mais, ces dernières années, il y a un intérêt croissant pour traduire et étudier la pensée de M. al-Jabri. C'est pourquoi, une synthèse de la pensée de M. al-Jabri en français est importante.

Cet ouvrage entend mettre en lumière les réponses à la question de l'islam et de la modernité de M. al-Jabri et de M. Arkoun parce que les deux auteurs constituent un tournant épistémologique et historique dans la pensée musulmane. D'une part, M. al-Jabri, intellectuel marocain, est considéré comme l'un des plus grands penseurs arabes de la période moderne, et ses critiques de la raison arabe ont suscité un grand intérêt et de multiples débats. D'autre part, M. Arkoun est un islamologue franco-algérien qui a formulé une critique radicale de la raison islamique. Il a durablement marqué l'islamologie en Occident et les discussions sur la laïcité et la modernité au sein du monde musulman.

Nous avons choisi de traiter les approches de ces deux auteurs pour plusieurs raisons. D'abord, il s'agit de deux figures centrales dans le champ de la pensée arabo-musulmane qui procèdent à une analyse du patrimoine et contribuent à une pensée islamique renouvelée en proposant des solutions pour une réforme des sociétés arabo-musulmanes. M. al-Jabri et M. Arkoun apportent une lecture nouvelle des fondements de la raison arabe et/ou islamique. Ils s'intéressent au passé pour puiser dans les anciens modèles de pensée que soit ils adoptent en partie soit ils critiquent. Chacun, à sa manière, tente de sortir la pensée musulmane contemporaine de l'impasse dans laquelle elle se trouve. Il s'agit de deux intellectuels modernistes et laïcs qui ne font partie ni de la mouvance du réformisme musulman ni du corps des savants traditionnels, mais qui ne se positionnent cependant pas hors de l'islam. Enfin, étant maghrébins et de culture arabo-francophones, ils sont susceptibles d'être connus et lus par les communautés maghrébines d'Europe. D'où l'importance d'étudier les réponses qu'ils apportent à la question de la modernité dans un contexte d'islam européen.

La perspective de cet ouvrage se veut synthétique, comparative et explicative. D'abord, nous exposerons dans leurs grandes lignes les idées critiques des deux auteurs. Il s'agit d'offrir au lecteur la somme de leurs projets intellectuels sans prétendre à une lecture critique ou exhaustive. Ensuite, nous comparerons leurs projets en termes de similitude et de différence. Enfin, nous expliquerons leurs réponses à la question des conditions de la modernité arabo-musulmane et évaluerons leurs contenus d'une manière brève. Notre travail s'inscrit dans le cadre de l'histoire des idées, à l'intersection de la philosophie arabo-musulmane et de la pensée moderne.

Cet ouvrage se présente en quatre parties, les trois premières étant chacune composées de deux chapitres, et la quatrième consistant en une conclusion et quelques réflexions générales. Dans les trois premières parties, le premier chapitre concerne M. al-Jabri et le second M. Arkoun. Dans la première partie, nous nous intéresserons à la manière dont les deux penseurs se positionnent par rapport à l'héritage arabo-musulman et à la pensée arabo-musulmane contemporaine. La deuxième partie sera consacrée à l'analyse des propositions des deux auteurs : la reconstruction rationaliste de M. al-Jabri et la reconstruction humaniste de M. Arkoun dans le contexte islamique. Dans la troisième partie, nous examinerons comment, de façon concrète, les auteurs souhaitent les inscrire dans la modernité. Pour le philosophe marocain, nous verrons comment la raison est l'outil privilégié pour penser la modernité et libérer la pensée arabo-musulmane. Pour M. Arkoun, l'accès à la modernité nécessite de sortir de la clôture dogmatique et des limites du pensable imposé par la tradition musulmane. Dans cette même partie, nous exposerons également la philosophie politique de chacun des deux auteurs. Quant à la dernière partie, elle prendra en compte le contexte plus personnel dans lequel s'est élaboré leur discours, et apportera un regard sur leur projet et cheminement intellectuels respectifs. Enfin, nous terminerons cet ouvrage en examinant de quelles manières leur philosophie respective a été accueillie au sein du public. Nous nous demanderons plus particulièrement si leur pensée peut être traduite en action, si elle ne risque pas de rester cantonnée dans le champ académique et si elle est adaptée au public visé. Ici, la question principale sera la suivante : la libération de la pensée qu'ils proposent a-t-elle ou peut-elle avoir un impact sur un mouvement de réforme dans les sociétés musulmanes contemporaines ?

Partie 1

Deux apports critiques à la fois de la tradition et des discours contemporains

Cette partie présente la réflexion critique que mènent M. Arkoun et M. al-Jabri aussi bien sur l'héritage arabo-musulman que sur la pensée arabo-musulmane contemporaine.

Chapitre 1

M. al-Jabri et la critique de la raison arabe

Bref aperçu biographique et bibliographique de M. al-Jabri[1]

M. al-Jabri est né en 1935 à Figuig, une ville berbère située à l'Est du Maroc. En plus de ses études à l'école moderne d'État au Maroc, M. al-Jabri a étudié un an à l'université de Damas (en 1958), puis deux ans à la Sorbonne. Il est arrêté deux fois par la police marocaine en 1963 et en 1965, durant les années de plomb. Il s'agit d'une période marquée par une violente répression des opposants au régime d'Hassan II : arrestations arbitraires, tortures et disparitions d'opposants politiques. On lui reproche, ainsi qu'à ses « camarades » socialistes, de conspirer contre la monarchie. Il est certes un intellectuel engagé. Cependant, il est vite relâché, ses écrits restant relativement modérés à l'égard du pouvoir en place. Au début de sa carrière, il écrit des ouvrages en lien avec l'éducation. En 1967, il complète ses études par une thèse sur l'historien maghrébin Ibn Khaldūn (Tunis, 1332 – Le Caire, 1406). Ensuite, il se tourne vers la politique et devient un membre officiel du Bureau du parti politique l'Union socialiste des forces populaires. Après les années 1980, il quitte le parti politique et se consacre exclusivement à l'enseignement et au travail intellectuel. Son premier ouvrage traitant de la pensée arabe

---

1 Pour les éléments biographiques de M. al-Jabri, nous nous basons sur l'ouvrage de Jaafar AKSIKAS (2009), et plus exactement sur le chapitre 3 « Tradition, Rationality, and Nationalisme : M. al-Jabri's Critique of the Arab Mind ». M. al-Jabiri a également écrit une autobiographie, publiée en arabe sous le titre de *Ḥafriyyāt fī l-dhākira.*

moderne est *Le discours arabe contemporain* (*al- Khiṭāb al-'arabī al-mu'āṣir*) qui est une critique des discours arabes contemporains. Ont suivi une série de quatre ouvrages sur *La critique de la raison arabe* (*Naqd al-'aql al-'arabī*).

M. al-Jabri est un personnage qui suscite de nombreux débats dans les milieux académiques arabes. Ses écrits touchent à différents domaines comme la politique, l'éducation et l'histoire, mais aussi, et surtout, la philosophie. Une grande partie des ouvrages de M. al-Jabri est consacrée à l'histoire de la pensée arabe. Son projet intellectuel est double : d'une part, une critique de la pensée contemporaine et, d'autre part, une évaluation du patrimoine culturel hérité. L'importance qu'il accorde à ce patrimoine peut s'expliquer par une volonté de légitimer une continuité de la pensée arabe et ainsi permettre une certaine homogénéité de la pensée. Tout en s'inspirant des penseurs français tels Michel Foucault, Gaston Bachelard et Régis Debray, il critique le colonialisme et ses effets sur les sociétés musulmanes. Il appelle à la nécessité de se penser soi-même et de revitaliser l'esprit, qu'il considère comme rationnel dans le patrimoine arabo-musulman. Connu par les milieux arabistes, car écrivant en arabe, il reste peu connu dans le monde occidental. Cependant, certains de ses ouvrages ont été traduits en anglais, en allemand, en espagnol et en français.

Critique de la raison arabe

La conscience des sociétés musulmanes contemporaines est façonnée par son passé religieux, souvent idéalisé. L'avènement de la modernité n'a pas éclaboussé cette conscience historique, largement dominée par des représentations traditionnelles. M. al-Jabri dénonce cette attitude qui s'enferme dans une perception traditionnelle du passé. Pour sortir de cette impasse, il préconise de revisiter le patrimoine arabo-musulman avec les outils de la pensée philosophique moderne (Abu-Rabi', 2004 : 263). M. al-Jabri suggère une modernisation des représentations, c'est-à-dire un renouvellement de la conscience historique et de ses manifestations, par des outils conceptuels modernes. L'entrée du monde arabe dans la modernité ne peut se faire que si, dit-il, la pensée contemporaine « renoue et intègre sa propre tradition » (Sebti, 2009 : 106). D'après les propos du penseur, « la pensée humaine est un dialogue ininterrompu entre le passé, le présent et le futur » (al-

Jabri, 1994 : 11). Seule une meilleure connaissance de son passé permettra de sortir d'une pensée arabe figée et d'ainsi déterminer la meilleure manière d'élaborer des représentations plus adéquates.

Pour M. al-Jabri, la tradition doit être relativisée et historicisée afin de repérer les différents courants dans l'histoire de la pensée arabo-musulmane ne participant pas du mode de pensée irrationnelle. Ce sont ces courants qu'il faudrait se « réapproprier afin de s'affranchir, à son tour, du poids d'un passé qui entrave cette pensée et l'empêche d'entrer de plain-pied dans la modernité » (Sebti, 2009 :106). Ainsi, il va catégoriser les différents courants issus de la tradition, distinguer des modes de pensée et s'écarter de ce qui lui semble ne pas satisfaire aux critères imposés par la modernité

1. LES PIÈGES DE LA RAISON « ARABO-MUSULMANE » ET DES LECTURES MAJORITAIRES ÉTABLIES AUTOUR DU PATRIMOINE (*TURĀTH*)

Après s'être engagé dans une nouvelle réflexion historique sur la tradition et avoir mis en exergue les mécanismes de la raison arabe mis en place dans le passé, M. al-Jabri nous propose une méthode pour une approche critique de la raison arabe et expose sa vision. Dans ce cadre, une des innovations de M. al-Jabri est d'avoir défini trois ordres cognitifs de la pensée arabo-islamique. C'est à partir de l'analyse de ces trois ordres qu'il réalise une critique de la raison arabe et tente de trouver les causes de sa stagnation et de sa reproduction stérile (*taqlīd*) (al-Jabri, 1994 : 14). Il fait avant tout de la critique historique et pense qu'« il est indispensable d'avoir conscience des perspectives de la vision dont elle [la pensée] procède » (al-Jabri, 1994 : 60).

1.1. Définir la raison arabe, une raison préislamique avant tout ?

Tout d'abord, il nous faut comprendre ce que M. al-Jabri entend lorsqu'il parle de la notion de « raison arabe ». D'après les propos du philosophe marocain, c'est « l'ensemble des principes et des règles dont procède le savoir dans la culture arabe » (al-Jabri, 1994 : 12). C'est à l'époque de la codification (*'aṣr al-tadwīn* aux VIIIe et IXe siècles), qui correspond à la période de codification des sciences dites islamiques, que remontent les structures fondamentales de la raison arabe savante. La raison arabe non-savante existait avant l'avènement de l'islam (époque préislamique) et présentait déjà l'essentiel des caractéristiques que l'on retrouve plus tard (Abu-Rabiʿ, 2004 :265).

Notons que cette période de codification, qui commence avec la période abbasside (VIIIe siècle), est caractérisée par une atmosphère favorable à l'esprit de recherche scientifique et de réflexion philosophique. Des facteurs politiques et sociaux, l'influence des nouveaux convertis d'origines religieuses diverses et l'apport de la philosophie grecque contribuent au développement de la pensée musulmane. De plus, la traduction de ces grands textes grecs, encouragée par le pouvoir politique, apporte à la pensée arabe de nouveaux outils scientifiques. La philosophie grecque, bien que non musulmane, devient une source de savoir légitime pour beaucoup de penseurs musulmans de l'époque. C'est également une période durant laquelle le brassage ethnique est très important. Les Omeyyades, et puis les Abbassides, on fait de la langue arabe la langue des sciences et de la culture, tant pour les musulmans que pour les non-musulmans.

Selon M. al-Jabri, c'est pendant cette période de codification que s'est bâtie la tradition « en cadre référentiel à partir duquel aurait lieu le regard des Arabes sur les choses : l'univers, l'homme et l'histoire » (al-Jabri, 1994 : 12). La conscience arabe a pris son essor tant dans la vision qu'elle propose du passé que dans la manière dont elle conçoit son développement ultérieur. Les grandes lignes de la connaissance arabe furent mises en place à cette époque de consignation qui correspond ainsi à un moment de rupture épistémologique.

La période voit également émerger une jurisprudence (*fiqh*) qui, selon M. al-Jabri, est au cœur de la civilisation arabo-musulmane. À partir de ce moment, celle-ci est systématisée, notamment par al-Shāfi'ī (m. en 820). La fonction du *fiqh* est de réguler les différentes sphères de la société (le social, le politique et l'économique) (Abu-Rabiʿ, 2004 : 267) : aussi est-il, contrairement à la théologie (*kalām*), moins soumis à l'intellect et s'appuie-t-il moins sur la démonstration et l'argumentation.

Pourtant, d'après M. al-Jabri, la théologie fait aussi partie de la raison indicationnelle (Belhaj, 2009 :402). La théologie musulmane est construite sur un mode apologétique défensif, qui nécessite une argumentation logique des croyances musulmanes, ce qui aura pour conséquence l'émergence d'une théologie rationaliste. En effet, comme l'affirme Majid Fakhry, cette théologie scolastique est le stimulant qui va inciter les penseurs à approfondir l'étude des textes philosophiques de l'antiquité. La poursuite de la théologie musulmane exige « un degré élevé de sophistication » qui, sans l'introduction de la philosophie grecque, aurait été impossible à atteindre (Fakhry, 2007 :18). Par conséquent, le *kalām* ne peut être uniquement confiné à une « rationalité » religieuse.

1.2. Distinguer la raison religieuse, l'intuition religieuse et la raison philosophique comme trois ordres cognitifs en constante tension

Le philosophe marocain identifie trois ordres cognitifs dans la raison arabe, lesquels correspondent respectivement à l'indication (rationalité religieuse), la démonstration (rationalité rationnelle) et l'illumination (l'irrationnel). L'objectif de cette distinction est double : d'une part, elle souligne le fait que l'un de ces ordres cognitifs va prévaloir sur les autres dans la pensée sunnite, et, d'autre part, elle met en avant la racine intellectuelle de l'impasse dans laquelle se trouve la pensée musulmane.

La raison indicationnelle est un mode de pensée qui se réfère à la raison pour soutenir la religion. Cet ordre cognitif que M. al-Jabri résume par la notion de *al-ma'qūl al-dīnī al-'arabī*, qui signifie le rationnel religieux arabe, va devenir la structure majeure de la raison arabe. C'est au cours de la période de codification que les penseurs musulmans mettent en place les fondements épistémologiques des sciences islamiques, mais aussi de la raison indicationnelle. Cette codification des différentes sciences islamiques – les sciences du *bayān* – et la mise en place de la raison indicationnelle sont une réponse partielle à l'influence de la philosophie grecque (Abu-Rabi', 2004 : 267). La théologie musulmane (*kalām*) en est le prototype même, où les théologiens utilisent l'argumentation pour défendre les dogmes de l'islam. La primauté est donnée aux textes scripturaires et non à la raison, toute vérité puisant sa justification dans le(s) texte(s) (principalement le Coran et les propos prophétiques). C'est Dieu, donc sa révélation, qui est placé au centre de la relation entre la nature et l'homme[2]. Le rationalisme islamique est donc fondé sur le sacré et c'est la raison analogique qui va se déployer dans cette structure cognitive. Le raisonnement analogique basé sur le principe de ressemblance consiste à faire reposer l'inconnu sur le connu. Notons aussi que le raisonnement analogique est le mécanisme cognitif essentiel de l'indication et, donc, la base du savoir islamique.

M. al-Jabri entend par illumination la pensée religieuse intuitive. Sa structure d'origine est la théosophie hermétique. D'après ce système de pensée, la vérité est en l'homme, dans son for intérieur. Cette pensée envisage aussi les textes scripturaires comme ayant un sens ésotérique et exotérique : il s'agit du savoir mystique. Cet ordre cognitif deviendra plus tard dans l'histoire de la pensée musulmane un proche allié de l'indication. Il façonnera également la production intellectuelle des courants ésotériques et du shi'isme.

Par démonstration, il fait référence à la raison philosophique, connue dans l'histoire de la pensée musulmane par la découverte d'Aristote au IXe siècle. Ce premier moment de la raison philosophique dans le contexte islamique est donc en réalité un prolongement de la logique et du dispositif conceptuel aristotélicien. La pensée de type démonstrationnel est un mode de raisonnement scientifique qui utilise principalement le syllogisme. Contrairement aux autres modes de raisonnement, l'exactitude des prémisses mène à une conclusion vraie. Comme l'avance M. Sebti, M. al-Jabri a une conception de la philosophie qui se limite à la philosophie analytique. Selon le philosophe marocain, elle est indissociable de disciplines comme les mathématiques et la logique (Sebti, 2009 : 113).

---

2 La raison indicationnelle se fonde sur le dogme de la création *ex nihilo*, Dieu étant seul acteur et créateur. Le monde est à chaque instant créé par Dieu et, par conséquent, la causalité lui appartient exclusivement. En conséquence, il n'y a pas de lien de cause à effet, et donc « l'homme n'agit qu'en tant que patient ». Pourtant, pour pouvoir construire une modernité spécifique, il faut être acteur et contribuer à la modernité planétaire (al-Jabri, 1994 : 13-26).

Par la suite, les trois ordres cognitifs vont s'entremêler en une sorte de syncrétisme dans lequel la pensée démonstrationnelle sera perdante. En effet, tout raisonnement intellectuel sera subordonné aux textes scripturaires. Le texte devient l'objet et le régulateur de la pensée arabo-musulmane alors que pour les raisons occidentale et grecque, c'est la nature qui est l'objet de la pensée.

1.3. Dénoncer les discours contemporains : fondamentaliste, libéral et marxiste

M. al-Jabri identifie trois axes majeurs qui traversent la production intellectuelle dans le monde islamique contemporain. Il s'agit de trois tendances qui mènent une réflexion sur la manière d'être en phase avec l'époque contemporaine. Ces trois courants abordent également la problématique du lien entre passé et présent.

Le premier axe se concentre sur le dialogue et l'ordre dialectique entre le passé et le futur. Ce discours, que M. al-Jabri qualifie de fondamentaliste, dans le sens étymologique du terme, tente de répondre à cette double question : d'une part, *comment recouvrer la grandeur de notre civilisation ?* Et d'autre part, *comment ressusciter notre tradition ?* Le passé y est tellement prégnant qu'il compromet non seulement le présent, mais aussi le futur. D'après M. al-Jabri, les auteurs fondamentalistes ne voient d'autres issues à la crise des sociétés musulmanes que dans la restauration de la culture islamique ancienne qu'ils sacralisent. Une des caractéristiques de ces intellectuels est qu'ils veulent à tout prix résister à l'occidentalisation. Le passé devient aussi un moyen de réhabiliter et d'affimer son identité et son authenticité, le but étant de se calquer sur les événements historiques qui ont fait l'âge d'or de l'islam. Cependant, il faut noter qu'ils n'empruntent à l'histoire de l'islam que quelques épisodes dûment sélectionnés. Il s'agit d'une lecture anhistorique et idéologique : anhistorique, car la compréhension de la tradition est enfermée dans cette même tradition, et idéologique parce que le passé est sacralisé pour être ressuscité dans un avenir radieux[3]. La lecture fondamentaliste fait

[3] Cela se résume en « ce qui a eu lieu dans le passé pourrait se réaliser dans l'avenir ».

de la religion la toile de fond de la renaissance culturelle ; les fondamentalistes tentent « de la rendre contemporaine » (al-Jabri, 1994 : 34). C'est le discours des mouvements réformistes religieux qui débute au milieu du XIXe siècle. Ce courant s'oppose au « conformisme imitatif » et appelle à une rénovation, c'est-à-dire à une nouvelle interprétation des fondements de la religion islamique. Il « érige le facteur spirituel en unique moteur de l'histoire » (al-Jabri, 1994 : 36), les autres facteurs étant considérés comme secondaires. C'est là une lecture idéologique pouvant s'expliquer par le contexte de l'époque coloniale, mais qui est dépassée à l'heure actuelle, selon M. al-Jabri.

Dans le deuxième axe, le discours se fonde sur la dialectique entre le présent et le passé : le présent n'est pas celui des sociétés arabo-musulmanes, mais celui de l'Autre : l'Occident. Les penseurs affiliés à ce courant, que M. al-Jabri qualifie de libéral, s'inspirent des modèles et des outils conceptuels occidentaux. La lecture libérale tente de répondre à deux autres questions : *comment vivre notre époque ? Comment assumer notre rapport à la tradition ?* M. al-Jabri note que le regard libéral sur la tradition arabo-islamique s'ancre dans le présent, à savoir celui de l'Occident. D'ailleurs, les penseurs de cette tendance utilisent la même terminologie et les mêmes catégories que les orientalistes qui se transforment chez les intellectuels arabes en « un habitus orientaliste » (al-Jabri, 1994 : 36-37)[4], et ce même s'ils se défendent de reprendre l'idéologie orientaliste. Cette lecture libérale est une véritable aliénation de l'identité, car, selon M. al-Jabri, les orientalistes tentent juste de comprendre « jusqu'à quel point les Arabes ont compris le legs de leurs prédécesseurs » (*ibid.*). L'orientalisme tente de comprendre le véritable rôle des Arabes dans la transmission de la philosophie grecque à l'Occident en interprétant une tradition par le prisme d'une autre culture. De la sorte, la tradition arabo-islamique est ramenée à ses origines juives, chrétiennes, persanes, grecques, etc. Dans ce cas de figure, les solutions proposées ont en commun de ne pas chercher à s'enraciner dans

---

4 Selon al-Jabri, adopter les méthodes orientalistes implique nécessairement d'avoir la même vision, car « méthode et vision sont indissociables ». Pourtant, il utilise aussi les références et les apports des sciences« occidentales ». De plus, il emprunte souvent aux orientalistes français. Sur ce sujet, voir plus loin le chapitre 4.

l'héritage arabo-musulman, mais de se référer en priorité à des valeurs exogènes (occidentales).

D'après M. al-Jabri, le troisième axe est celui de la lecture marxiste. Dans ce courant de pensée, le passé – comme le futur – est encore à l'état de projet. En effet, ce mouvement de pensée ne s'est pas montré à même de pourvoir aux fondements et aux outils nécessaires à une révolution. Il s'agit donc juste d'un désir de révolution. Ce courant de pensée est encore à la recherche d'une méthode. Les questions auxquelles tente de répondre cette pensée sont : *comment faire notre révolution ? Et comment reconstituer notre tradition ?* Il s'agit d'un rapport dialectique : « On attend de la révolution qu'elle permette de reconstruire la tradition, et de la tradition qu'elle contribue à la révolution » ce qui, toujours d'après M. al-Jabri, mène à un cercle vicieux (al-Jabri, 1994 : 38)[5].

2. PAR-DELÀ LA RUPTURE, LA PROMOTION D'UNE LECTURE « INTRACULTURELLE »

2.1. Comprendre et s'approprier le patrimoine rationaliste

Selon M. al-Jabri, ces différentes lectures souffrent de « l'absence de vision historique et du manque d'objectivité » (al-Jabri, 1994 : 41). Ceci a pour conséquence que la pensée arabe contemporaine ne serait pas une pensée indépendante. Soit elle dépend du passé et est enfermée dans un discours apologétique, soit elle dépend de l'Occident. Pour un renouvellement de la pensée, il faut une dynamique interne en continuité avec sa propre tradition. M. al-Jabri en appelle à un renversement qui rompe avec ces mauvaises lectures par une critique rationnelle de la tradition qui réponde aux exigences de l'époque moderne.

Cette lecture critique de la tradition aspire à une modernisation de l'intérieur, tout en gardant son identité, porteuse de valeur et de culture. Le patrimoine (*turāth*) est l'héritage culturel arabo-musulman. D'après M. al-Jabri, il s'agit d'un mouvement

---

5 M. al-Jabri reproche aux penseurs arabes de gauche d'imiter la méthode marxiste, non pour appliquer la méthode, mais pour « démontrer la justesse de la méthode ».

de la pensée qui se construit à travers l'histoire. En d'autres termes, cela équivaudrait à un processus historique de la pensée où celle-ci se perfectionnerait au travers d'idées qui s'excluent, évoluent et/ou se complètent les unes les autres. D'après l'auteur, le travail scientifique sur la tradition doit s'effectuer à deux niveaux : il faut, d'une part, mieux la comprendre et, d'autre part, s'en imprégner, l'investir. Dans sa volonté d'entreprendre une lecture critique de la tradition, il propose d'adopter deux attitudes vis-à-vis de la tradition que nous allons présenter ci-dessous.

Pour comprendre la pensée arabe, M. al-Jabri s'attache à réaliser « une critique épistémologique de la culture arabo-islamique savante » (al-Jabri, 1994 : 5). Il veut découvrir les fondements épistémologiques de la raison arabe, les mécanismes qui donnent naissance à des concepts et des idées. À ce propos, l'auteur nous dit qu'il faut prendre la tradition comme un tout, c'est-à-dire comprendre le fonctionnement de la raison arabe au travers de ses différents courants et étapes historiques pour mieux définir les conditions de sa rénovation (al-Jabri, 1994 : 159).

À l'étape de l'investissement, « nous devons nous concentrer davantage sur le moment culminant » (*ibid.*), dit-il. Les moments culminants sont pour M. al-Jabri les périodes avec lesquelles le dialogue est possible aujourd'hui. Pour ce faire, il faut regarder ce qui nous est bénéfique dans les différents courants de pensée qui ont traversé l'histoire arabo-musulmane. Dans son argumentation en faveur d'un regard nouveau sur le passé, il préconise la réhabilitation de la part du patrimoine musulman la plus apte à s'incorporer dans la modernité. Il s'agit pour lui de l'héritage rationaliste arabo-musulman. Il faut, selon le philosophe marocain, se réapproprier l'héritage critique d'auteurs comme le juriste andalou Ibn Ḥazm (m. 1064), le juriste mālikite Abū Isḥāq al- Shāṭibī (m. 1388), l'historien Ibn Khaldūn (m. 1406) et, surtout, Averroès (m. 1198). Il accorde une importance particulière à ce dernier, car il prône une philosophie rationaliste, ce qui a permis l'inauguration d'un discours nouveau dans l'Occident musulman.

2.2. *Dépasser les discours contemporains et faire émerger une pensée indépendante en modernisant la méthode et la vision*

M. al-Jabri préconise de rompre avec les trois lectures contemporaines de la tradition que nous avons vues plus haut (les lectures fondamentaliste, libérale et marxiste) afin de moderniser la pensée arabe. Pour ce faire, il établit une critique qu'il situe aussi bien au niveau de la méthode qu'au niveau de la vision à la base des différentes lectures.

Du côté méthodologique, M. al-Jabri conteste l'objectivité de ces trois lectures. Il souligne leurs tendances fondamentalistes, car toutes se fondent sur le même raisonnement : celui de « l'analogie du connu à l'inconnu ». En effet, dans ces différents courants, l'inconnu est le futur alors que le connu concerne la double interrogation que chacun se pose concernant le rapport à la tradition. L'analogie représente, dans la culture arabo-musulmane, la méthode scientifique la plus utilisée. Selon M. al-Jabri, il s'agit au départ d'une méthodologie scientifique rigoureuse. Cependant, en raison de sa vulgarisation, elle devient progressivement le seul acte mental de la raison arabe tout en devenant moins pointilleuse sur les conditions de sa validité. Le mode de raisonnement analogique sera donc exercé, même de manière inconsciente. Comme l'inconnu est le futur et que seul le passé est connu, on rapporte systématiquement, par analogie, le nouveau à l'ancien, le présent au passé, avec pour conséquence d'un côté l'absence de perspective historique dans la pensée arabe et, de l'autre, « l'absence de disjonction entre le sujet et l'objet » (al-Jabri, 1994 : 46).

D'après les propos de M. al-Jabri, c'est donc la pratique sans examen critique ni analyse minutieuse de l'analogie qui explique l'absence d'objectivité de la pensée arabe. Car les penseurs arabes contemporains donnent des solutions toutes faites, soit dans un passé sacralisé, soit dans un « passé présent européen » : leur présent leur échappe dans la mesure où il se trouve ailleurs, soit dans leur passé lointain, soit dans le présent d'une autre culture.

Du point de vue de la vision, M. al-Jabri soutient qu'il n'y a pas de perspective historique dans la pensée arabe contemporaine. Il y manquerait une notion de temps linéaire et un principe d'évolution. Quant au présent, comme nous l'avons vu plus haut, il est systématiquement ramené au passé, comme si le passé, le présent et le futur formaient « un temps immobile » (*ibid.*).

De plus, selon les dires de M. al-Jabri « toute méthode procède d'une vision » (al-Jabri, 1994 : 60) ; en effet, la vision forme le cadre de la méthode. Par conséquent, il faut non seulement une modernisation de la méthode, mais aussi, et plus fondamentalement, une modernisation de la vision. Dans un premier temps, nous exposerons sa méthode pour voir ensuite les éléments constitutifs de sa vision.

S'émanciper de la compréhension traditionnelle

D'après M. al-Jabri, il faut en premier lieu s'émanciper de la culture dominante, qui reste attachée à une compréhension traditionnelle de l'héritage culturel arabo-musulman. Une rupture épistémologique s'impose donc : elle consiste à rompre avec le raisonnement analogique et à éviter de s'enfermer dans un champ cognitif donné comme c'est le cas de la pensée arabe contemporaine. En effet, la rupture épistémologique « s'opère au niveau de l'acte mental, de l'activité inconsciente qui s'exerce à l'intérieur d'un champ cognitif déterminé » (al-Jabri, 1994 : 48). Il s'agit pour le penseur d'une rupture avec le type de rapport à la tradition et non avec la tradition elle-même.

En deuxième lieu, il convient de tendre vers plus d'objectivité, c'est-à-dire « disjoindre l'objet-lu du sujet-lecteur » (al-Jabri, 1994 : 50)[6], le problème de la méthode étant principalement un problème d'objectivité permettant la disjonction entre le sujet (le penseur) et l'objet (la tradition) et la construction de leur relation sur de nouvelles bases. Il faut noter que M. al-Jabri nous dit à ce sujet que l'exercice de la pensée du sujet arabe est plus une remémoration et moins une pensée exploratrice et raisonnée. Dans les sociétés arabo-musulmanes, on inculque à l'enfant, dès son plus jeune âge, une manière de penser et un certain type de rapport aux choses, souvent par le biais de représentations imaginaires, ce qui engendre une personnalité superstitieuse qui ne prend en compte que l'aspect mythique des choses. Aujourd'hui, le lecteur musulman est, d'un côté,

---

6 Il faut disjoindre le sujet de l'objet et disjoindre l'objet du sujet.

absorbé par sa tradition et, de l'autre, accablé par son présent, ce qui le prive de liberté et d'indépendance. Pourtant, le penseur arabe « vit sous la contrainte d'être à la hauteur de son époque ». Sur ce problème, M. al-Jabri nous explique que, plus son époque se dérobe, plus le lecteur musulman affirmera son identité et cherchera « des solutions magiques à ses multiples problèmes » (al-Jabri, 1994 : 51-52).

De plus, l'un des problèmes de la tradition est qu'elle est fort éloignée du présent. Pour une attitude objective, il faut, dans un premier temps, séparer le sujet de l'objet pour ensuite reconstruire l'objet dans une nouvelle perspective. Pour que l'objet retrouve sa pleine indépendance, trois phases sont nécessaires. La première consiste en une approche structuraliste, c'est-à-dire considérer l'œuvre d'un penseur « comme un tout régi par des constantes » (al-Jabri, 1994 : 54). Axer sa pensée autour d'une seule problématique est primordial. La deuxième, la phase de l'analyse historique, vise à relier la pensée de l'auteur à son contexte historique, et cela dans toutes ses dimensions (culturelle, idéologique, sociale et politique). Cela complète l'approche structuraliste et la valide en nous montrant ce que le texte peut ou ne peut pas contenir. Enfin, la troisième et dernière phase propose une approche idéologique consistant à révéler la fonction idéologique d'une pensée, ce qui permet de la relier à la réalité historique à laquelle elle appartient.

Enfin, M. al-Jabri pense qu'il est important de faire « rejoindre l'objet-lu au sujet-lecteur » pour permettre une continuité de la pensée, c'est-à-dire rallier la tradition à l'époque contemporaine. D'après M. al-Jabri, la pensée d'un auteur ne se livre pas facilement au lecteur, car diverses pressions existent dans une société, empêchant certains hommes de s'exprimer librement (al-Jabri, 1994 : 55).

C'est l'intuition qui permet de relier le *moi-lu* au *moi-lisant*. Le *moi-lisant* doit se reconnaître dans le *moi-lu* tout en maintenant sa propre identité et celle du *moi-lu*. Le rationalisme de M. al-Jabri le pousse à parler d'« intuition mathématique », à savoir une intuition exploratrice, par contraste avec d'autres types d'intuition, comme l'intuition mystique, qui permet de mettre en évidence les non-dits du *moi-lu*. La nécessité du recours à l'intuition pour découvrir ce que les auteurs n'ont pas dit publiquement se justifie par le fait que la majorité des philosophes arabo-musulmans « ont gardé pour eux des idées qu'ils ne divulguaient point à ceux qui n'y étaient pas aptes, sinon par allusions, par symboles, ou – de derrière un voile » (al-Jabri, 1994 : 59 ; Gutas, 2002 : 5-25)[7]. Et ceci a lieu dans l'« intercontemporanéité », c'est-à-dire que le lecteur doit pouvoir se mettre à la place de l'auteur du passé tout en se montrant capable de réactualiser les textes. C'est à ces conditions que s'opérera la continuité « dans le progrès de la conscience à travers la quête de la vérité » (al-Jabri, 1994 : 60).

En somme, le penseur appelle à une démarche critique de la tradition. Cette démarche n'est pas inventée *ex nihilo*, mais repose sur la logique aristotélicienne. Donc, M. al-Jabri pense lui aussi d'après un modèle, ce modèle étant celui de la philosophie grecque telle qu'elle a été comprise par Averroès qui se base essentiellement sur Aristote. Il est en effet difficile de penser sans modèle.

S'inscrire dans une perspective historique

La lecture que suggère M. al-Jabri repose sur trois aspects. Premièrement, il part du principe que dans une société, à une époque donnée, il y a unité de la pensée. Donc, une pensée (arabe, grecque, moderne, etc.) peut être étudiée comme un tout significatif et homogène. L'unité de la problématique détermine – et constitue – l'unité de la pensée indépendamment des autres facteurs tels que le lieu ou l'époque, qui ne sont pas des éléments déterminants. Cela signifie que la problématique de la conciliation « entre transmission (*naql*) et raison (*'aql*), dans laquelle s'inscrivait la pensée médiévale, est demeurée ouverte jusqu'à présent » (al-Jabri, 1994 : 64)[8]. Il faut souligner par ailleurs que la pluralité des discours ne signifie pas la pluralité des questions car, selon le philosophe marocain, il y a, dans

---

7 Il s'agit d'une thèse également développée par le philosophe allemand Leo STRAUSS (1989), qui parle de la nécessité d'écrire entre les lignes des anciens penseurs lorsqu'ils veulent s'opposer au pouvoir politique ou religieux. Selon lui, c'est également le cas de l'ensemble des penseurs arabes sous domination musulmane. La lecture straussienne de la philosophie arabe a aujourd'hui de nombreux adeptes parmi les islamologues bien qu'elle soit de plus en plus critiquée. Voir en particulier GUTAS D. (2002).

8 Comme nous le fait remarquer l'auteur, elle a été ré-ouverte lors des tentatives de réformisme dans le monde musulman au XIXe siècle.

le monde musulman, unité de problématique dans la pensée philosophique. Selon la vision du penseur, une même problématique engendre une multiplicité de réponses suivant le lieu ou l'époque.

La deuxième constante de sa vision est l'historicité de la pensée, c'est-à-dire son contenu cognitif et idéologique. L'un des principaux manquements des historiens de la pensée islamique est la confusion entre le contenu cognitif et idéologique. Ces penseurs ne s'intéressent qu'au contenu cognitif. Il est primordial de les différencier. La principale erreur des penseurs contemporains est d'avoir uniquement considéré la pensée dans son aspect cognitif sans la lier aux différents champs : sociopolitique, économique et culturel de l'époque étudiée. M. al-Jabri introduit le concept de champ historique d'une pensée comme étant « la période durant laquelle une même problématique persiste dans l'histoire d'une pensée donnée » (al-Jabri, 1994 : 65). Deux disciplines définissent le champ historique : le champ historique est défini d'une part par celui du cognitif, qui délimite le mouvement de cette pensée et fait appel à un outillage conceptuel ; d'autre part, par le contenu idéologique véhiculé par cette pensée. À travers l'histoire, les penseurs musulmans ont souvent été subordonnés à une idéologie « politico-sociale ». C'est pourquoi l'intellectuel contemporain doit tenter de circonscrire la relation qui existe entre ces deux disciplines. Il est cependant plus aisé de rattacher une pensée à un système cognitif qu'à son contenu idéologique. Le rapport entre les deux peut se révéler complexe, car le « réel sociohistorique » et le champ cognitif n'évoluent pas de la même manière. D'autant plus que cela dépend des aspirations de l'auteur : il « mettra en œuvre la matière cognitive dont il dispose, pour les représenter finalement sous la forme d'une production se voulant purement scientifique » (al-Jabri, 1994 : 67).

Troisièmement, la pensée philosophique en islam se concentre autour d'une même problématique : celle de la « conciliation entre raison et transmission » (*ibid.*). Les premiers à avoir soulevé cette problématique sont les mu'tazilites qui estiment que la raison prime sur la révélation. Ce fut ensuite au tour des philosophes musulmans, notamment al-Fārābī (m. 950) et Avicenne (m. 1037). Mais, d'après M. al-Jabri, ce dernier est le représentant d'un courant oriental qui ne va cesser de concilier la pensée religieuse mystique (en tant que vérité absolue) et la pensée philosophique hellénistique. Pour M. al-Jabri, vouloir concilier la pensée religieuse et la philosophie grecque entraîne un manque d'innovation dans la philosophie islamique qui « ne connut pas l'activité d'une lecture continuelle et renouvelée » (al-Jabri, 1994 : 68). Distinguer le contenu idéologique du cognitif permet de mieux appréhender la philosophie islamique et, dans un même temps, de l'inscrire dans son contexte sociohistorique. Par contre, en se concentrant uniquement sur l'aspect cognitif, on risque de ne trouver qu'une sorte de répétition de la pensée de la philosophie grecque.

Cela mène M. al-Jabri à dissocier la philosophie de la religion et à l'associer à la science. Contrairement à la pensée médiévale chrétienne et musulmane, le raisonnement scientifique et l'évolution de la société ont connu un développement parallèle dans la philosophie grecque et moderne. Dans ces philosophies, c'est uniquement le contenu idéologique qui change et non une évolution de l'aspect cognitif. Même s'il y a eu évolution des sciences (naturelles) dans le contexte médiéval musulman, elle n'a pas influencé ces philosophes (1994 : 72). M. al-Jabri invoque deux raisons pour expliquer ce phénomène :

- premièrement, le progrès scientifique de l'époque n'a « jamais véritablement dépassé le champ cognitif hérité des anciens » ; il s'agissait en quelque sorte d'un prolongement du savoir scientifique grec ;
- deuxièmement, le philosophe musulman ne s'est pas attelé à produire du nouveau, mais a surtout tenté de concilier religion et philosophie. De ce fait, la philosophie islamique « fut continuellement un discours idéologique » (1994 : 72-73).

C'est aussi la raison pour laquelle l'historien de la pensée qui ne se concentre que sur l'aspect cognitif, n'y voit qu'un discours répétitif dépourvu de progrès. En somme, c'est le contenu idéologique de la philosophie musulmane qui donne du sens et fait bouger les lignes. Étant donné qu'elle reflète les difficultés et les problèmes des sociétés arabo-musulmanes (al-Jabri, 1994 : 157), M. al-Jabri considère la philosophie comme une pensée ancrée dans la civilisation arabo-musulmane et non comme un produit d'importation, alors que le contenu cognitif, selon notre auteur, est « pour une grande part une matière morte et incapable de revivre » (al-Jabri, 1994 : 160)[9] et n'a par conséquent pas de continuité historique. D'autant plus que le contenu cognitif cesse d'être opératoire avec l'avènement des sciences modernes. En effet, comme c'est souvent le cas dans l'histoire de la pensée, il y a une constante évolution et les nouvelles théories remettent souvent en cause les précédentes. C'est pourquoi le contenu idéologique est susceptible d'être réhabilité, car, contrairement au contenu cognitif, il peut s'inscrire dans l'histoire : « le temps d'une idéologie est le futur possible » (al-Jabri, 1994 : 161). L'homme contemporain peut donc avoir les mêmes aspirations idéologiques que les anciens philosophes. M. al-Jabri présente l'idéologie comme un rêve et propose deux manières de le vivre : il y a ceux « qui vivent leur futur (leur rêve) dans le passé et les autres qui vivent leur futur dans l'à-venir » (*ibid.*). Seuls les derniers sont aptes à renaître, car ils sont dans un « élan vers cette vie ». Nous sommes ici devant un des paradoxes de la pensée arabe contemporaine que nous aborderons dans la partie critique.

---

9 Il reprend la théorie de G. Bachelard sur l'histoire de la science qui est une histoire des erreurs de la science. En effet, s'il y a erreur, par définition celle-ci ne doit plus être reproduite ultérieurement dans l'histoire.

Chapitre 2

M. Arkoun et la critique de la raison islamique

Bref aperçu biographique de M. Arkoun[10]

Mohammed Arkoun est né en 1928 dans un petit village kabyle du nord de l'Algérie. Tout comme M. al-Jabri, il est issu de la minorité linguistique berbère au Maghreb. Fils d'épicier, il a passé son enfance au sein d'une famille nombreuse. Il a d'abord été scolarisé dans son village, ensuite à Oran chez les Pères Blancs. Il commence ses études universitaires à Alger et termine son parcours à la Sorbonne où il est agrégé en langue et littérature arabe avant de rédiger sa thèse en philosophie. Le sujet de cette dernière porte sur l'humanisme arabe au Xe siècle et, plus précisément, sur la pensée de Miskawayh.

M. Arkoun insiste fortement sur son origine berbère, mais également sur l'élément non arabe dans l'histoire de l'Algérie. Au départ, il travaille sur la pratique religieuse en Grande Kabylie (Arkoun, Benzine, & Schlegel, 2012 : 63) et s'intéresse fort au travail de Gabriel Le Bras. Son objectif principal est de montrer que le Maghreb (Maroc et Algérie) n'est pas uniformément arabe et musulman *(ibid.)*. Il fait d'ailleurs remarquer qu'en Kabylie, il y a un mélange de pratiques liées à l'islam et de pratiques locales, comme l'animisme. Toutefois, la conjonc-

---

10 Sylvie ARKOUN a publié aux éditions PUF une biographie très documentée sur son père M. Arkoun. Elle s'y raconte également en nous dévoilant son enfance et sa relation avec son père. Pour une bibliographie complète des ouvrages de M. Arkoun, voir l'article d'Olivier DUBOIS (2013).

ture politique de l'époque ne lui ayant pas permis de réaliser ce travail, il va réorienter ses recherches sur le philosophe persan Miskawayh.

M. Arkoun est l'un des intellectuels musulmans les plus influents dans le champ des études islamiques en Europe. Il a également enseigné l'« islamologie appliquée », une discipline qu'il a lui-même développée. Il fut directeur scientifique de la revue *Arabica* et l'auteur de nombreux ouvrages tels que, pour ne citer que ceux-là : *La pensée arabe, Essai sur la pensée islamique, Pour une critique de la Raison islamique*.

Distinction islamologie appliquée et islamologie classique

Au milieu des années 1970, M. Arkoun établit une distinction entre islamologie appliquée et islamologie classique. D'après l'auteur, l'islamologie classique étudie exclusivement des textes que les chercheurs estiment être représentatifs, notamment les écrits classiques rédigés entre les VIIe et XIIIe siècles (Arkoun, 1989a : 2). Même si ce genre de travail reste toujours pertinent, l'islamologie appliquée – contrairement à l'islamologie classique – a des visées pratiques. La distinction entre islamologie appliquée et islamologie classique est d'ordre méthodologique et épistémologique. L'étude du phénomène de la révélation est le domaine de prédilection de l'historien, le linguiste-sémiotique, le sociologue, le psychologue, etc. Il faut donc confronter le système cognitif fondé sur le primat de la révélation, le but étant de construire « les mécanismes socioculturels sur lesquels reposent l'ordre social et la « légitimité » de l'ordre politique » (Arkoun, 1989b : 176).

La critique que M. Arkoun fait à l'islamologie classique est d'interroger uniquement des écrits qu'elle estime représentatifs de la culture et de la civilisation islamique (*ibid.*). Elle travaille donc principalement sur des écrits classiques et se limite exclusivement à la culture savante. M. Arkoun reproche même à certains orientalistes de renom de préférer « la connivence idéologique avec le groupe dominant » et ajoute que la littérature apologétique se nourrit et se développe grâce à eux (Arkoun,

1989a : 27). Il reproche aux chercheurs d'éviter la question religieuse, notamment celle liée « aux gens du Livre[11] ».

1. DISTINGUER FAIT ISLAMIQUE ET FAIT CORANIQUE

1.1. Expliciter les modalités de la transformation du fait coranique en fait islamique

M. Arkoun fait une distinction entre fait coranique et fait islamique. Le fait coranique, c'est l'appel adressé à la conscience humaine « pour la centrer sur les conditions existentielles de sa promotion, de son épanouissement » (Arkoun, 1973 : 311). Cet appel s'est fait entendre en langage humain et a eu des implications concrètes dans l'organisation politique, sociale et culturelle ainsi qu'au niveau du savoir. Ainsi, le fait coranique a ressurgi à travers le fait islamique. La conséquence de ce passage fait en sorte qu'au final

> le fait islamique a usurpé le sens et la portée du fait coranique par une promotion arbitraire de l'immanent au transcendantal, de l'histoire au transhistorique, de l'existence à l'existentiel, de la loi à l'esprit, du code fermé au message ouvert (Arkoun, 1973 : 312).

Ainsi, la notion de fait coranique permet de mettre en évidence l'événement linguistique, culturel et religieux, ce qui va diviser « le domaine arabe en deux : le versant de la pensée sauvage au sens défini par Claude Lévi-Strauss et celui de la pensée savante » (Arkoun, 1975 : 7). L'histoire événementielle instaure un temps linéaire, et la date de l'Hégire (622) marque une frontière entre un temps « obscur » et un temps porteur de « lumière ». Le Coran aurait permis le passage d'une société polysegmentaire caractérisée par la diversité linguistique et religieuse à une société dotée d'une langue et d'une culture savante liée à une religion unificatrice qui aurait permis la centralisation. Pourtant, selon M. Arkoun, il est évident que la diversité des dialectes et la vision mythologique existent dans les sociétés arabo-islamiques encore aujourd'hui. Ces deux

---

11 C'est une notion qui s'applique généralement aux religions monothéistes (christianisme et judaïsme) dans l'objectif de les distinguer des religions polythéistes.

types de société ont toujours coexisté, contrairement à la vision linéaire des penseurs musulmans contemporains, mais également à celle des orientalistes qui distinguent les périodes avant et après le phénomène coranique. D'ailleurs, M. Arkoun regrette le peu d'intérêt porté à « la pensée sauvage ». Alors qu'à l'inverse de la culture populaire, la culture savante a toujours mobilisé les intellectuels et les dirigeants politiques (Arkoun, 1975 : 8).

Le fait coranique va progressivement évoluer en un texte coranique, c'est-à-dire « un corpus fini et ouvert d'énoncés en langue arabe auxquels nous ne pouvons avoir accès qu'à travers le texte graphiquement fixé après les IXe et Xe siècles » (Arkoun, 1975 : 11). Par la mise à l'écrit, c'est-à-dire le passage de la parole au texte, le Coran devient une « œuvre » écrite et une « parole liturgique » (*ibid.*). Le texte ainsi fixé donnera naissance à un discours coranique qui aura un impact sur trois niveaux : celui de la culture, du droit et de la pensée.

Le qualificatif « islamique » réfère à l'islam en tant « que cadre institutionnel et horizon métaphysique de cette culture », et la langue arabe devient le mode d'expression de cette culture (Arkoun, 1975 : 26). Par ailleurs, le fait islamique est l'expression, dans l'histoire, de la dimension religieuse des institutions, de la culture et des codes éthico-juridiques (Arkoun, 1975 : 20). En d'autres termes, l'émergence du fait coranique avec la promotion de la langue arabe favorise l'éruption du fait islamique. La langue arabe devient la langue des sciences, même profanes. Une civilisation va émerger grâce à l'exploitation du discours coranique et d'un modèle : celui du prophète de l'islam.

Comme nous l'avons déjà souligné plus haut, dans l'histoire des sociétés arabo-musulmanes, « le fait coranique s'est mué en fait islamique » (Arkoun, 1975 : 120). C'est-à-dire, que les différentes dimensions des sociétés arabo-musulmanes vont être soumises à la conception défendue par ces témoins irréprochables du discours coranique. Il y a en effet une idéalisation des témoins du discours coranique et de leurs adeptes qui ont recueilli et scrupuleusement transmis les « textes-sources-modèles », c'est-à-dire le Coran et la tradition islamique (Arkoun, 1975 : 23). Ces témoins parfaits contribuent à l'idée d'un islam authentique et d'un rapport direct à cet âge fondateur. Ainsi, la « Vérité » a été vécue par ces témoins irréprochables (Arkoun, 1975 : 58). Les deux sources-modèles ont donné naissance à un univers islamique auquel le politique, le social, l'économique et le culturel cherchent une légitimation théologique. De plus, le fait coranique fournit un cadre au fait islamique. C'est pourquoi, il doit être également le point de départ de toute critique et faire aussi l'objet d'une déconstruction.

Notons aussi que l'utilité de parler du fait islamique provient de la nécessité de mettre l'accent sur « la positivité de la connaissance historique » dans les sociétés arabo-musulmanes (Arkoun, 1975 : 26). En réalité, il s'agit de repenser le fait islamique en rejetant la vision traditionnelle commandée par l'*a priori* théologique. Le but est d'analyser son histoire de façon critique en réfutant toute posture théologique et identitaire.

1.2. Mettre en exergue les sources de la raison islamique

D'après l'islamologue franco-algérien, la raison islamique concerne l'usage que fait l'islam de la raison. En d'autres termes, c'est la raison conditionnée par l'islam à des étapes différentes de son histoire. Ainsi, la critique de la raison islamique est la « critique des manifestations de rationalité dans des sociétés soumises à ou commandées par l'islam » (Arkoun, Benzine, & Schlegel, 2012 : 120).

Selon notre auteur, l'étude de la raison islamique se fait à travers l'apport de trois sources. Il y a d'abord la littérature islamique classique ancienne jusqu'au XVe siècle, puis les écrits musulmans contemporains, et enfin la littérature orientaliste. C'est la littérature classique qui sera étudiée, non seulement par les orientalistes, mais également par les auteurs musulmans contemporains. Les premiers feront une lecture philologique ainsi qu'une description formelle, et les autres une lecture apologétique (Arkoun, 1987 : 127). Ces deux approches vont produire une histoire linéaire entre la pensée classique et la pensée contemporaine. Aussi, présenter le système cognitif musulman dans la seule perspective de la connaissance historique rationalisante, voire positiviste, (Arkoun, 1989b : 169) s'avère erroné, car le système cognitif musulman est d'essence mythique.

Il est donc essentiel aujourd'hui de faire une analyse déconstructive et une critique épistémologique de la raison islamique. La critique de la raison islamique ne relève pas que d'une seule discipline. M. Arkoun la considère comme un champ intellectuel plus large nécessitant une pluridisciplinarité (Arkoun, 2006 : 138). En fait, il s'agit d'une critique « de ses principes, de ses catégories, de sa thématique, de l'impensé découlant de son organisation typique du pensable » (Arkoun, 1984 : 66). La critique de la raison qu'il préconise est une étude des conditions sociales de production des différents systèmes cognitifs (Arkoun, 1987 : 127). Ce travail est indispensable aujourd'hui car, d'une part, il permet d'appliquer aux problématiques de l'islam les méthodes nouvelles issues du champ des sciences humaines afin de mettre en évidence non seulement les conditions de production, mais également de reproduction des raisons en question (Arkoun, Benzine, & Schlegel, 2012 : 66) ; d'autre part, il permet une critique du discours idéologique contemporain, notamment de l'islamisme politique qui ancre son discours dans une raison islamique classique. M. Arkoun parle d'ailleurs de raison idéologique, les slogans légitimant les autorités en place.

Il faut cependant noter que M. Arkoun insiste sur la limite de la raison, qu'elle soit philosophique ou religieuse. C'est pour cela qu'il faut mettre en place une dialectique pensable/impensable, c'est-à-dire « ce qu'il est permis à un moment donné à la raison de penser dans les limites qui sont les siennes » (Arkoun, Benzine, & Schlegel, 2012 : 183). Notons toutefois que celles-ci ne sont pas uniquement religieuses, mais aussi intellectuelles, culturelles et liées parfois à la raison elle-même qui refuse de transgresser les limites imposées comme c'est le cas de la raison islamique depuis la mort du prophète de l'islam jusqu'à nos jours (d'après l'auteur, cela empire d'ailleurs). Donc, les limites de la raison dépendent du lieu et de l'époque.

Les moments de formation de la raison islamique

Avant de présenter la critique qu'en fait M. Arkoun, nous allons nous attarder sur ce que ce dernier considère comme les grands moments de formation de la raison islamique.

M. Arkoun distingue la période de l'islam classique de la période de formation de la pensée. Ainsi, le premier moment est la période de la formation de la pensée islamique. À ce moment, il y a construction d'une histoire religieuse pieuse. C'est lors de ce premier moment que se fera d'abord la compilation du Coran, puis ce qui deviendra la *sunna*. D'après notre islamologue, il s'agit d'une construction mythique du début de l'islam, donc du moment initial. Le fait islamique « est dominé par l'*a priori* théologique », c'est-à-dire que la reconstruction historique n'est valable que si elle répond au critère que les différentes sectes ont fixé (sunnisme, chiisme, etc.). Par conséquent, le rapport-vérité-histoire dans le monde musulman sera lié à l'existence d'une sorte de vérité religieuse. Il faut aussi s'intéresser à la rupture qu'effectue l'islam. Sur ce sujet, nous pouvons souligner que la prédication prophétique provoque une rupture avec les prophètes des autres religions tout en les intégrant. Selon M. Arkoun, le Coran ne fait que prolonger le rôle joué par Dieu dans les deux monothéismes, s'insérant dans la tradition qui construit Dieu comme unique (Arkoun, Benzine, & Schlegel, 2012 : 95 ; 99). Nous aborderons cet aspect dans le dernier chapitre, à propos de ce que M. Arkoun dit du salut coranique et islamique, mais également de sa théorie de la sortie de la religion.

Selon M. Arkoun, l'islam universel n'existe pas. L'erreur consiste à vouloir lire et appliquer des règles juridiques, énoncées au VIIe siècle dans un contexte tribal, une époque marquée par les concurrences claniques et tribales, dans une perspective de parole divine valable en tout lieu et en tout temps. D'où l'importance d'étudier le lieu de naissance du discours coranique ainsi que d'analyser la notion de connaissance au moment de la naissance et de la formation du discours coranique. Cela permet de voir que le discours coranique est destiné à une société très limitée dans l'espace et ne doit pas être considéré comme un discours universel (Arkoun, Benzine, & Schlegel, 2012 : 136-137).

C'est aussi le cas pour les prescriptions normatives qui se trouvent dans le Coran. En effet,

> l'impossibilité de modifier toute norme juridique vient de ce que les musulmans absolutisent les énoncés positifs particuliers et transcendantalisent toutes les normes contingentes (Arkoun, Benzine, & Schlegel, 2012 : 138).

Car, selon M. Arkoun, le Coran qui est, au départ, un discours oral, s'adresse aux personnes qui sont présentes lors de la prédication du prophète de l'islam, à savoir les habitants de Médine ou de La Mecque. Le discours coranique n'est pas universel, il concerne – selon M. Arkoun – uniquement les personnes concrètement présentes, et pas, comme le pensent les lecteurs contemporains, la « foi de l'humanité entière » (Arkoun, Benzine, & Schlegel, 2012 : 139). M. Arkoun refuse le caractère transcendant du discours et l'idée que le savoir coranique (*'ilm*) soit identifié à l'universel. Aussi, selon lui,

> une parole subit forcément une transformation quand elle est énoncée comme discours social pour des auditeurs et des acteurs qui vont réagir en la suivant, en la combattant, etc. (Arkoun, Benzine, & Schlegel, 2012 : 151).

Raison pour laquelle le travail de déconstruction commence à partir du temps fondateur, c'est-à-dire au moment de l'« épisode islamique » comme le nomme M. Arkoun.

Le deuxième moment concerne la raison islamique classique : à la période de formation va succéder la période classique qui est une période de systématisation dans toutes les disciplines, moment important où prend racine l'épistémê de la pensée islamique (Arkoun, Benzine, & Schlegel, 2012 : 65-68)[12]. La période de formation de l'épistémê sera caractérisée par une grande ouverture à différentes disciplines, et ce grâce à l'opinion personnelle (*ra'y*), mais aussi par l'acquisition de nouveaux concepts, processus auquel participe le pouvoir politique. Une période où « le travail de la pensée est caractérisé par les possibilités qui s'ouvrent : chacun dans sa discipline déployait sa recherche en toute liberté » (Arkoun, Benzine, & Schlegel, 2012 : 69). C'est par exemple le cas de l'élaboration d'un droit musulman : nous sommes à ce moment dans la construction de la norme juridique et l'« administration judiciaire » n'est pas encore réalisée. Mais il fallait limiter cette liberté et unifier le droit. L'usage de l'opinion personnelle et l'influence étrangère, à savoir les apports des civilisations environnantes (notamment grecques et persanes) vont influencer le savoir. Cela provoquera non seulement un foisonnement d'opinions, dans cer-

---

[12] Le caractère de cette pensée dite classique est qu'elle est liée au contexte dans laquelle elle est née. M. Arkoun reprend la notion d'épistémê à Michel Foucault. Il s'agit d'« un savoir au-delà des savoirs de surfaces ». Cela permet de mettre en exergue « une dynamique inconsciente, mais structurelle, de la recherche et de la pratique intellectuelles à un moment de l'histoire » et de pousser l'étude de la pensée islamique à une analyse au-delà de l'histoire visible, c'est-à-dire à prendre en compte la structure inconsciente.

tains cas divergentes, mais également des avis s'éloignant du texte coranique (Arkoun, Benzine, & Schlegel, 2012 : 67)[13].

La volonté de créer un cadre juridique se situe autour du VIIIe siècle, période de la formation de la pensée que M. al-Jabri qualifie de période de codification, mais aussi période de développement d'une école de pensée rationaliste : l'école mu'tazilite. Celle-ci va devenir doctrine d'État sous le calife al-Ma'mūn (m. 833). En dépit du climat favorable au développement de la pensée, le fait d'imposer avec force la compréhension mu'tazilite du statut du Coran et de faire ainsi preuve d'un rigorisme doctrinal, va mener à des abus. Il convient aussi de souligner que le pouvoir et les adeptes de ce courant théologique se sont montrés peu tolérants envers les autres doctrines plus traditionalistes. Au nom de la raison, certains califes ont imposé leur doctrine. L'accession au pouvoir d'al-Mutawakkil (m. 861) va changer la donne. Il recherche un lien plus étroit avec les masses et un retour à un islam plus orthodoxe, en refusant les idées mu'tazilites.

Pour cerner cette raison islamique classique, il faut travailler sur un corpus restreint. M. Arkoun choisit une œuvre qu'il présente comme « le centre de convergence et de rayonnement multiple à partir des IIIe et IXe siècles » (Arkoun, 1984 : 67) : la *Risāla* d'al-Shāfi'ī (jurisconsulte fondateur d'une école juridique, M. 820). Ainsi, l'apogée de la pensée classique peut-elle être liée aux écrits d'al-Shāfi'ī. M. Arkoun va mettre en évidence le concept de raison islamique classique à partir de la science des Sources du droit musulman (*uṣūl al-fiqh*) ; c'est d'ailleurs à partir de cette science qu'il fait une critique de la raison islamique. La *Risāla* revêt un objectif didactique. La raison qui s'y déploie est dirigée et enfermée dans le corpus clos, c'est-à-dire le Coran et les *ḥadīths* authentiques. Il est important de souligner qu'à l'époque, l'influence de l'aristotélisme n'a pas encore touché les juristes. La question centrale de l'ouvrage relève de la philosophie politique, ce sont « les fondements de l'autorité en islam » qui sont examinés (Arkoun, 1984 : 68-69). Deux thématiques présentes dans l'ouvrage sont essentielles pour comprendre la notion de raison islamique. C'est le rapport entre

---

13 Notons déjà que M. Arkoun, contrairement à M. al-Jabri, ne voit pas de manière négative l'influence de la pensée persane.

Langue, Vérité et Droit et le rapport entre Vérité et Histoire. L'idée de vérité religieuse est ainsi centrale. Une méthodologie va naître avec al-Shāfiʿī. Il décide que le juriste doit travailler sur base d'une méthodologie : les quatre « sources fondement » que sont le Coran, les propos prophétiques, le consensus et l'analogie. Selon M. Arkoun, le but est de construire une pensée fonctionnelle et non pas fondamentaliste (Arkoun, Benzine, & Schlegel, 2012 : 76). En effet, l'enjeu est de limiter la prolifération des *ḥadīths* et des opinions personnelles. En introduisant cette méthodologie, que M. Arkoun qualifie de dangereuse, on « inaugure une nouvelle phase de l'évolution de la pensée islamique » (Arkoun, Benzine, & Schlegel, 2012 : 106). Il y aura désormais « un fondement qui repose sur la croyance, et un autre qui repose sur le travail du logos » (Arkoun, Benzine, & Schlegel, 2012 : 76) ; autrement dit : d'un côté, la raison philosophique, qui est notamment influencée par la pensée grecque, et, d'un autre côté, le fondement de la parole d'un Dieu révélé qui va progressivement tenter de minimiser l'influence de la pensée grecque.

La réflexion se fera dorénavant dans le cadre de la critique de M. Arkoun sur les fondements. Tout d'abord, le Coran présente d'énormes difficultés de compréhension, d'autant plus que sa validité n'est pas questionnée. Ensuite, concernant la deuxième source (c'est-à-dire les *ḥadīths*), des questions d'authenticité se posent, car un grand nombre d'entre eux voit leur origine remise en cause. Cependant, notons qu'il y a eu un travail systématique et minutieux d'évaluation de la validité des *ḥadīths*, notamment au niveau de la chaîne de transmission (*isnād*). Pour M. Arkoun, cette critique n'est toutefois pas suffisante. Se pose également la question du maintien de la troisième source – le consensus (*ijmāʿ*) – qui représente une impasse. En effet, n'ayant pas connu de réelle application, celle-ci reste très théorique. Enfin, le raisonnement analogique est, selon M. Arkoun, une reproduction des actes et gestes du prophète de l'islam lorsqu'il était face à un cas nouveau ou un passage coranique difficile. Ces quatre fondements ne seront critiqués que par des voix minoritaires. En plus, « on ne parviendra plus à pratiquer l'exégèse minimale consensuelle à propos de chaque verset du Coran » (Arkoun, Benzine, & Schlegel, 2012 : 110) ; la tendance sera la reproduction des jurisprudences antérieures. Il s'agit donc d'une reproduction alors que, dans l'imaginaire des musulmans contemporains, lorsqu'un savant donne une réponse, on laisse croire qu'elle est directement tirée du Coran. Ainsi, d'après M. Arkoun, dans la pensée musulmane contemporaine, la théologie a disparu de la pensée. M. Arkoun va même plus loin en affirmant qu'il n'y a pas de pensée dans le monde arabo-musulman, mais uniquement l'instrumentalisation du religieux (*ibid.*).

Enfin, la pensée musulmane contemporaine et, plus particulièrement le réformisme, part du constat qu'un changement s'impose. Il tente aussi de trouver des éléments compatibles entre la tradition et la modernité – donc la religion et la modernité – en réalisant un retour au passé mythique, ce qui est inconcevable pour un penseur comme M. Arkoun. À ce propos, la posture de M. Arkoun peut être qualifiée de radicale, dans le sens où il faut repenser le fait islamique sans posture apologétique et identitaire : il prône plutôt une analyse désacralisant l'ensemble du patrimoine musulman. Il estime que le réformisme est un échec, et cela parce qu'il ne va pas dans le sens d'une déconstruction et, surtout, parce qu'il ne touche pas au noyau qu'est le Coran. En effet, le problème du réformisme réside dans la volonté de retour aux « sources » sans réflexion critique. De plus, dans ce discours, la croyance s'impose à la réalité. Les clercs réformistes, comme les nomme M. Arkoun, obéissent à l'axiome suivant :

> Dieu a parlé aux hommes, et Dieu doit être obéi, ponctuellement, totalement, sans qu'il ne faille rien ajouter et sans rien retrancher à ce que dit le Coran qui porte la révélation de Dieu aux hommes (Arkoun, Benzine, & Schlegel, 2012 : 125).

Le motif essentiel de ce « retour aux sources » (*aṣāla*) est de reconstruire l'islam. La notion de source va faire triompher « une mytho-idéologie étatisée de l'islam » (Arkoun, Benzine, & Schlegel, 2012 : 116) ; c'est aussi la voie que prend l'islamisme politique actuel. Par ailleurs, la notion même de « reconstruire » est un terme idéologique, selon M. Arkoun, car il repose sur un discours nationaliste né après l'indépendance. Il s'agit de restituer l'islam authentique car « le colonialisme aurait effacé tout ce que l'islam a produit de meilleur » (Arkoun, Benzine, & Schlegel, 2012 : 115). Selon notre auteur, l'idéologie nationaliste a marqué la volonté d'un retour « à un islam mythique qui exerce aujourd'hui sur la raison scientifique la même pression que le magistère théologique au Moyen Âge » (Arkoun, 1989 B : 157).

1.3. Cerner la raison islamique : un déploiement à l'intérieur des seules barrières dogmatiques

M. Arkoun soutient que l'intellectuel dans le monde musulman est confiné dans le dogme. Dès lors, la pensée réflexive musulmane se déroule à l'intérieur même de ces barrières dogmatiques devenu espace unique de vérité. Vérité composée non seulement du *corpus officiel clos*, mais également de tout ce qui découle de cette orthodoxie voulue par les savants et les fondateurs des écoles juridiques. Progressivement, le discours, dans le contexte islamique, trouve sa légitimité en se référant aux pieux ancêtres et à quelques figures historiques. Nous sommes là devant l'un des traits caractéristiques de la pensée islamique qui remonte systématiquement à une autorité religieuse dans l'histoire musulmane – comme à celle d'Ibn Taymiyya (m. 1328), par exemple – pour, d'une part, revigorer l'expérience de Médine et, d'autre part, montrer la validité transhistorique des énoncés islamiques (Arkoun, 1989b : 169).

L'espace dogmatique est « l'espace du pensable musulman », mais il indique aussi, de manière implicite, « l'espace de l'impensable ». Pour accéder au champ de l'impensable, le penseur musulman est obligé d'en *transgresser* les frontières. La vision réductrice de la religion peut être *dépassée* grâce à l'interrogation philosophique et aux instruments cognitifs de la modernité (Roussillon, 2005 : 10). Mais, contrairement à l'Occident, la pensée islamique n'a pas été confrontée à la pensée scientifique moderne. Le refus d'objectivation du phénomène religieux musulman provient des intellectuels musulmans, mais également des penseurs occidentaux qui n'abordent pas les sociétés musulmanes comme ils le font pour les autres sociétés tribales en Afrique et en Amérique. M. Arkoun regrette cette démission de la communauté scientifique alors que les sociétés musulmanes contemporaines sont particulièrement riches pour les sciences sociales (Arkoun, 1989b : 174 et suivantes).

Le musulman pense que la raison est d'origine divine et qu'elle se retrouve matériellement dans le texte coranique. La notion même de raison islamique indique l'idée d'une raison éternelle en harmonie avec une parole révélée. C'est d'ailleurs pour cela que M. Arkoun utilise le qualificatif islamique, ce qui aura pour conséquence que les musulmans auront, d'après M. Arkoun, une prétention à posséder une « raison » supérieure aux autres raisons, ce qui est philosophiquement intolérable, d'autant plus qu'il y a une « croyance en une origine divine de l'intellect » validée par les propos prophétiques. La raison est donc transcendantalisée et soumise « aux déterminations séman-tiques de la parole de Dieu », (Arkoun, 1984 : 65). Alors que la raison est censée produire des connaissances toujours renouvelées, la raison islamique est quant à elle soumise à un système de croyances (Arkoun, Benzine, & Schlegel, 2012 : 165).

2. DÉCONSTRUIRE L'HÉRITAGE ARABO-MUSULMAN À TRAVERS UNE LECTURE PLURIDISCIPLINAIRE

2.1. Affirmer la négation du caractère transcendant du discours coranique

M. Arkoun a une approche laïque du Coran et refuse les lectures traditionnelles et théologiques où le langage coranique est placé au niveau du divin. Au départ, d'après l'auteur, le discours religieux est ouvert, mais progressivement, à cause de la dérive idéologique, des systèmes cognitifs clos (dogmatiques) sont mis en place. Depuis, tout se passe à l'intérieur des barrières dogmatiques. D'ailleurs, dans l'imaginaire musulman, tous les écrits religieux, une fois qu'ils sont validés par les autorités – c'est-à-dire par les fondateurs d'écoles juridiques ou par les savants (par consensus) – sont considérés comme vrais et « orthodoxes ». C'est seulement lorsqu'on remet en question le caractère transcendant du discours coranique que le travail critique peut commencer.

Le Coran, en tant que parole de Dieu, est remis en cause par M. Arkoun car, même en acceptant l'idée de révélation (ou d'inspiration), « nous sommes dans des conditions humaines du langage » (Arkoun, Benzine, & Schlegel, 2012 : 103). Le travail critique et historique des orientalistes, qui se limite au contexte de la production du texte et non à la déconstruction du discours coranique lui-même, est nécessaire, mais pas suffisant selon M. Arkoun.

L'histoire du Coran comporte trois niveaux : le premier qui est celui de la parole de Dieu et qui se rapporte au Livre archétypal. Le second, représentant le discours coranique (ou discours prophétique), correspond aux vingt-trois années de révélation au prophète de l'islam. Enfin, le troisième consiste dans le passage à l'écrit du discours coranique toujours valable à l'heure actuelle (*muṣḥaf*). Ce dernier a été assemblé après décision politique et a été déclaré authentique, raison pour laquelle M. Arkoun parle de corpus officiel clos. Les premier et second niveaux sont inatteignables pour M. Arkoun alors que le texte écrit (*muṣḥaf*) peut être analysé avec des outils scientifiques modernes. Cette distinction est d'ailleurs intéressante dans le discours actuel sur l'islam : le retour à l'islam n'est pas un retour à « la parole de Dieu ». Mais il s'agit en réalité d'un retour à l'islam, c'est-à-dire à

> toutes les constructions théologiques, juridiques, mystiques et autres que les hommes ont élaborées après l'installation comme instance de référence et de gouvernement (Arkoun, Benzine, & Schlegel, 2012 : 88-89).

M. Arkoun met en évidence l'idée que le Coran, avant de devenir une vulgate officielle sous le troisième calife, a d'abord été une parole. Ce n'est donc que plus tard qu'il y aura une mise par écrit qui entraînera une banalisation du texte sacré, celui-ci devenant à la portée de tout un chacun. La distinction entre discours et texte est primordiale pour M. Arkoun : l'idée de texte permet à la société musulmane de devenir une « société du Livre ». Cela aura pour conséquence, d'une part de placer « le peuple en situation herméneutique » et, d'autre part, de permettre une lecture du texte coranique dans le but d'organiser et d'informer la société à différents niveaux (systèmes de croyances, ordre moral, juridique, politique, etc.) (Arkoun, 1989b : 59). Il est donc indispensable de tenir compte du contexte politique, social et culturel de l'époque. D'après notre auteur, il s'agit d'une adhésion à une situation de fait, et non de droit.

Le discours coranique, défini comme parole de Dieu dans la pensée classique musulmane, va engendrer plusieurs disciplines dites islamiques. Ces différentes disciplines auront en commun le « récit qui implique les mêmes procédés d'exposition et le même style » (Arkoun, 1975 : 31). Jusqu'à la fin du

VIIIe siècle, cette pensée était empirique, foisonnante et, ce qui est plus important, ne subissait aucune contrainte. Puis, plus tard, cela fera place à la systématisation et à la rigidification.

Depuis l'échec du courant mu'tazilite concernant l'idée d'un Coran créé, la conscience musulmane a intériorisé « la croyance que toutes les pages reliées en muṣḥaf contiennent la Parole même de Dieu » (Arkoun, 1989b : 63). En d'autres termes, dans la conscience musulmane, le *muṣḥaf* est une émanation du Livre céleste, reçue par révélation et récitée par le prophète. Dans le concept de Coran, l'idée principale est « qu'il s'agit d'une récitation conforme à un discours entendu, et non point lu » (Arkoun, 1989b : 53), raison pour laquelle M. Arkoun insiste sur la notion de discours plutôt que de texte au stade primitif de l'énonciation par le prophète de l'islam. D'ailleurs, aujourd'hui, à nouveau selon M. Arkoun, le croyant ne lit pas le Coran, mais le récite. La récitation a un effet sur le corps, l'affect et les émotions.

Selon M. Arkoun, il y a trois principes dans le discours coranique qui « constituent l'armature logico-sémantique inscrite dans la forme linguistique du Discours » (Arkoun, 1970 : 73). Premièrement,

> la totalité du discours coranique réuni dans le corpus coranique (*muṣḥaf*) est la parole de Dieu adressée au Prophète, personnellement ou à diverses créatures, par l'intermédiaire du Prophète transmetteur (*ibid.*).

On relève ce premier axiome dans le fonctionnement même du discours coranique, plus précisément dans la structure invariable des relations de personnes (Arkoun, 1989b : 69)[14]. Deuxièmement, le Coran (ou discours coranique), « est une parole de vie » ayant une force structurante par le rite, les conduites éthiques et juridiques qu'il impose et le champ intellectuel et imaginaire qu'il délimite. Le troisième principe concerne l'origine divine du corpus coranique, alors que, toujours selon M. Arkoun, pour le Coran que nous connaissons actuellement, il s'agit d'une forme stabilisée, car d'autres Coran existaient avant.

---

[14] Cette structure des relations de personnes dans le discours coranique (structure grammaticale) est la suivante : un Je/Nous divin s'adresse sur le mode impératif (*qul* = dis) à un Tu intermédiaire (le prophète) pour atteindre le ils (les humains) divisés en croyants et infidèles.

2.2. Présenter le Coran comme une structure mythique

Structure mythique du Coran

Dans son projet de déconstruction, M. Arkoun montre les mécanismes à l'œuvre dans le discours coranique, notamment les récits mythiques dans le Coran (Arkoun, Benzine, & Schlegel, 2012 : 162). Pour M. Arkoun, le Coran est de structure mythique, car il réinvestit des « gravats d'un discours social ancien pour construire un nouveau palais idéologique » (Arkoun, 1989b : 119). Selon lui, le mythe est un « palais idéologique », un concept qu'il reprend à Cl. Lévi-Strauss. La notion d'idéologie renvoie à la construction métaphorique (Arkoun, Benzine, & Schlegel, 2012 : 162). Selon M. Arkoun, le discours coranique est donc « un palais idéologique » qui va devenir, au fil du temps, une « prison ». En effet, le récit mythique dans le Coran ne donne aucune leçon. Il laisse les choses ouvertes, ce qui veut dire que c'est au lecteur et à l'auditeur d'en tirer des enseignements. Mais cette ouverture d'esprit n'aura qu'un temps du fait de l'imposition progressive d'une seule grille de lecture.

Le mythe

> est un mode d'expression de vérités vécues par des collectivités ; comme tel, il doit être intégré dans une histoire compréhensive, visant la reconstruction à la fois exhaustive et explicative du passé (Arkoun, 1975 : 22)[15].

Pour comprendre l'arrière-fond de la pensée arabe à ses débuts, comme d'ailleurs celle d'aujourd'hui, il est important d'appréhender « l'au-delà métaphysique », à savoir « l'univers de croyances et leurs modes d'expression dans les sociétés touchées par le fait islamique » (Arkoun, 1975 : 28), ce qui explique que les sociétés musulmanes contemporaines gardent toutes les caractéristiques d'une société archaïque.

Les constructions théoriques et idéologiques de l'histoire de la pensée sont liées au contexte historique. En effet, comme le souligne M. Arkoun, la raison et l'imagination fonctionnent avec les matériaux disponibles. C'est le cas des récits que l'on re-

---

[15] Concernant la notion de mythe, c'est ce que le Coran nomme al-*qaṣaṣ* (et non – comme il est souvent traduit – *usṭūra*, qui sont des récits légendaires sans aucun fondement).

trouve dans le Coran et de ceux présents dans d'autres civilisations. Pour ce qui est du Coran, il reprend des fragments de récits anciens, ceux que la mémoire a retenus. Le récit mythique a une fonction symbolique : le discours coranique (comme c'est le cas des autres paroles fondatrices, le Nouveau Testament et l'Ancien Testament, par exemple) a été amplifié par les constructions juridiques, théologiques et exégétiques. Le corpus juridique musulman fait reposer son autorité sur le fait de se fonder sur la « parole de Dieu », l'idée même de « parole de Dieu » ayant été construite dans un contexte tribal.

Processus historique de construction du merveilleux

Selon la tradition musulmane, le temps historique et réel de la révélation est de vingt-trois ans. Dans le discours musulman, cette durée prendra ultérieurement le statut de « hors temps » (Arkoun, Benzine, & Schlegel, 2012 : 92)[16] alors que l'unification du Coran s'est faite progressivement. Il s'agit d'une transformation du temps réel au cours duquel se manifeste le merveilleux, à travers un personnage historique, en un « hors temps »[17]. Par ailleurs, l'islam reconstruit la face de Dieu. Il s'agit d'une face islamique qui serait non seulement différente de la face de Dieu telle que représentée dans les deux autres monothéismes, mais qui prétend être supérieure et les engloberait toutes. Dans l'imaginaire arabo-musulman, l'idée de parole révélée va sacraliser la parole humaine et se forger ainsi une instance d'autorité suprême (Arkoun, Benzine, & Schlegel, 2012 : 94), d'autant plus que la récurrence de la notion de réel-vrai (*al-ḥaqq*) met en exergue la véracité du corpus coranique et montre l'état d'esprit à l'œuvre au sein de toute une culture (Arkoun, 1970 : 78).

M. Arkoun fait également une distinction entre la figure du prophète de l'islam, qui est une construction *a posteriori* en vue de créer de la croyance, et Mohammed, personnage historique, qui a vécu à La Mecque puis à Médine. Le prophète de l'islam, comme d'ailleurs Jésus, est un personnage qui a existé, mais qui a été « reconstruit merveilleusement dans un monde magi-

---

16 Il est important de noter que M. Arkoun ne se prononce pas sur l'existence ou la non-existence de Dieu, mais uniquement sur la manière dont les humains, c'est-à-dire les acteurs sociaux, comprennent l'existence de Dieu.

17 On assiste donc à une transformation en « hors temps » de ce temps pourtant historique.

que, où les miracles ne posaient pas de problème » (Arkoun, Benzine, & Schlegel, 2012 : 79 et suivantes ou suivantes). Il définit le merveilleux comme « une catégorie psycho-littéraire » : il s'agit d'une catégorie intellectuelle introduisant dans les récits des événements et personnages surnaturels, ce qui va faciliter la construction de figure de référence (le personnage mythique). Le merveilleux tient sa force dans la construction d'un imaginaire collectif. La déconstruction historique et anthropologique permet de mettre à jour « le personnage historique » qui est derrière la construction du personnage mythique (Arkoun, Benzine, & Schlegel, 2012 : 81 et suivantes).

Partie 2

Des tentatives pour moderniser les sociétés arabo-musulmanes et en reconstruire la pensée

Nous avons consacré la première partie à la présentation de deux penseurs et à leurs réflexions critiques sur le patrimoine arabo-musulman et sur les discours contemporains en contexte islamique. Cette partie-ci a pour objectif de présenter leurs propositions pour une reconstruction de la pensée arabo-musulmane en vue d'une modernisation des sociétés musulmanes.

Chapitre 3

M. al-Jabri : une reconstruction rationaliste depuis la mobilisation des grandes figures rationalistes maghrébines

Pour que les sociétés arabes ne vivent plus en marge de l'histoire et pour une modernisation de la culture arabe, il faut, d'après M. al-Jabri, rechercher les fondements intellectuels de la rationalité dans l'héritage arabo-musulman. Nous avons vu plus haut qu'une relecture de la tradition nécessite un temps de compréhension suivi d'un temps d'investissement afin de montrer ce que M. al-Jabri définit comme les moments culminants qu'il faut se réapproprier. Le renouvellement de la pensée arabe authentique doit abandonner certains courants (et idées) néfastes ou inutiles. Cependant, une continuité avec les acquis de la tradition répondant aux questionnements et problèmes contemporains peut être maintenue. (al-Jabri, 1994 : 160). C'est en quelque sorte une tradition dynamique que M. al-Jabri veut mettre en lumière.

Il distingue deux moments importants dans l'histoire de la pensée musulmane, chacun ayant une base épistémologique et idéologique différente. Tout d'abord, le premier moment, avec les philosophes orientaux, qui a pour fond épistémologique la théorie de l'émanation et comme orientation idéologique, la fusion entre religion et philosophie (al-Jabri, 1994 : 156). Le problème de la métaphysique émanationniste est qu'elle a un contexte autre que celui dans lequel est née la philosophie aristotélicienne. Les philosophes musulmans d'Orient procèdent « par un raisonnement analogique consistant à assimiler métaphysique et physique », ce qui mène, selon Averroès, à confondre science humaine et science divine, et ce malgré leur différence de nature. Ces analogies entre le monde visible et invisible transforment le réel et provoquent le déclin de la raison selon l'auteur (al-Jabri, 1994 : 137 et suivantes). C'est la raison pour laquelle il parle d'un néoplatonisme dans sa version orientale et gnostique (al-Jabri, 1994 : 105). D'après lui, ce sont les philosophes orientaux qui sont responsables du déclin de la pensée arabo-musulmane, car cette pensée est

> dominée par un esprit spiritualiste et idéaliste, qui amena les forces sociales de progrès à sublimer dans le rêve leur impuissance à concrétiser leurs aspirations (al-Jabri, 1994 : 156).

M. al-Jabri pense que c'est l'irrationalisme de « l'école orientale » qui a soumis la raison à la tradition. D'après l'auteur, ce courant « néfaste et irrationnel » est né dans le monde persan. La personne qui représente ce courant « de la déraison », c'est-à-dire qui pense qu'il existe d'autres sources de savoir que la rationalité, est Avicenne. Le courant spiritualiste dont Avicenne est le représentant par excellence est responsable du « mouvement de régression » (al-Jabri, 1994 : 92) de la pensée arabe. À cet irrationalisme oriental, M. al-Jabri ajoute le fait que, souvent, la pensée des philosophes musulmans est un projet idéologique et militant. Par exemple, selon notre auteur, Avicenne est un philosophe militant et engagé dans les conflits de son époque : il a un projet de « philosophie nationale [persane] ». En plus d'être la cause de « la démission de la raison », Avicenne a encouragé, par ses écrits, l'idéologie persane (al-Jabri, 1994 : 91). Ainsi, la plupart des philosophes musulmans étaient aussi des idéologues au service du pouvoir dominant. Pour M. al-Jabri, en plus d'être entièrement subordonnées à une idéologie, les tendances spiritualistes sont également dépourvues de rationalité. Un vulgarisateur de cette philosophie orientale est al-Ghazālī (m. 1111).

L'autre moment qui constitue une rupture épistémologique est à situer dans l'Occident musulman, grâce aux apports critiques du juriste andalou Ibn Ḥazm (m. 1064) et du réformateur religieux fondateur de l'empire Almohade al-Mahdī Ibn Tūmart (m. 1130). Notons qu'historiquement, chaque nouveau pouvoir va se légitimer par une idéologie et tenter de trouver un fondement religieux pour mieux asseoir sa domination. L'originalité du mouvement contestataire d'Ibn Tūmart est qu'il a personnellement revendiqué le titre de guide (*mahdī*) alors qu'il ne se revendique pas du chiisme, mais se réclame sunnite. Sa doctrine est rationnelle et rejette l'ésotérisme. De ce fait, le mahdi almohade ne prétend à aucune révélation et « son interprétation des textes est soumise à des règles rigoureuses et explicites » (Urvoy, 2006 : 456 et suivantes). Quand les Almohades entrent à Cordoue, Averroès n'a que 20 ans et c'est avec enthousiasme qu'il adhère à la doctrine almohade. Il faut aussi noter qu'Ibn Tūmart accuse aussi ses prédécesseurs (les Almoravides) d'avoir détourné la religion, car il les soupçonne non seulement de conformisme imitatif (*taqlīd*) et d'anthropomorphisme (*tajsīm*), mais aussi de baser leur doctrine sur le raisonnement analogique. En théologie et en droit, Ibn Tūmart s'est inspiré du ẓāhirisme d'Ibn Ḥazm (al-Jabri, 1994 : 161).

Il convient de noter que M. al-Jabri divise le monde arabo-musulman en deux aires culturelles différentes et opte pour une attitude régionaliste. Dans cette perspective, le nationalisme de M. al-Jabri peut être compris comme une volonté d'ancrer le renouveau dans une région particulière, en l'occurrence la sienne (le Maghreb). Cependant, il nous semble difficile, à l'heure de la globalisation, de concevoir un renouvellement de la pensée s'il reste limité au cercle restreint d'une région.

Dans les paragraphes suivants, nous allons voir comment M. al-Jabri déconstruit tout ce qui lui semble être réfractaire à la raison et réhabilite les penseurs « rationalistes », qui sont selon lui « les seuls avec lesquels le dialogue soit possible aujourd'hui » (al-Jabri, 1994 : 160).

Comme nous l'avons vu auparavant, selon M. al-Jabri, une renaissance et une modernisation de la pensée arabe doivent être fondées sur les possibilités et les moyens qu'offre le patrimoine. Après avoir passé en revue les sources et l'évolution des modes de pensées ainsi que les savoirs dans l'histoire des sociétés arabes, c'est le rationalisme d'Averroès, le philosophe de Cordoue, que M. al-Jabri retient comme moment important dans l'histoire de la pensée musulmane et représentant d'un rationalisme arabo-musulman. Selon lui, la pensée d'Averroès est la plus apte à favoriser l'inscription dans une modernité. C'est dans ce sens qu'il prône une reconstruction de la pensée arabe sur des bases rationalistes puisées dans l'héritage arabo-musulman. M. al-Jabri joint à la pensée d'Averroès une autre figure, celle d'Ibn Ḥazm, qui préconise le rationalisme en islam.

Ainsi, selon M. al-Jabri, il existe deux moments importants dans l'élaboration de la pensée théorique de l'école du Maghreb. Celui de l'élaboration avec le jurisconsulte Ibn Ḥazm d'abord, ensuite la période de pleine maturité avec Averroès. Et c'est la dynastie almohade qui encourage les orientations théoriques de ces deux penseurs. D'après M. al-Jabri,

> les initiatives fondatrices, dans le domaine de la pensée, prennent en général corps ultérieurement, en principe au moins deux générations après leur apparition, et ne portent pleinement leurs fruits que plus tard encore (al-Jabri, 1994 : 107).

Car un mode de pensée se retrouve toujours confronté à d'autres qui vont lui résister.

Contextualisation de l'école rationaliste du Maghreb

Avant de procéder à une analyse de ces deux moments nous allons d'abord analyser les éléments qui ont permis l'émergence d'un rationalisme au Maghreb. D'après M. al-Jabri, l'Orient a connu un héritage antéislamique fort alors qu'en Occident musulman, « la conquête fait table rase du passé » (al-Jabri, 1994 : 96). Pourtant, juifs et chrétiens existent avant la domination musulmane ; mais, nous dit M. al-Jabri, ces deux cultures ne subsistent pas, car, dès le départ, elles ne sont pas assez fortes pour influencer la nouvelle. En quelque sorte, il y avait là un terrain vierge. L'Occident musulman se caractérise également par la place qu'il accorde à un islam des premiers temps (celui des compagnons), ce qui n'est pas le cas de l'empire musulman d'Orient. Dans cette lignée de penseurs rationalistes andalous, citons le juriste mālikite Abū Isḥāq al-Shātībī (m. 1388), réformateur des fondements de la jurisprudence – que M. al-Jabri met en lien avec la cause finale (le Bien) d'Aristote – mais aussi Ibn Khaldūn (m. 1406), qui va faire de l'histoire une discipline fondée sur la méthode démonstrative ; avec lui, l'histoire devient une pratique scientifique qui examine de manière rigoureuse les récits – dont l'explication des faits historiques – à partir du principe de causalité, ainsi que la recherche historique du comment et du pourquoi des faits. Ceci permet de voir l'événement historique de manière rationnelle.

En outre, l'Occident musulman se détache rapidement de l'empire abbasside et échappe à la domination fatimide, donc à l'influence de la pensée orientale. ʿAbd al-Rahmān al-Dākhil, (m. 788) est le seul descendant de la famille omeyyade à avoir survécu au massacre perpétré lors de la révolution abbasside qui mena à la chute de la dynastie omeyyade de Damas. Né de mère berbère, il se rend d'abord au Maghreb et finit par rallier la population arabe et berbère. Il fonde l'émirat omeyyade d'al-Andalous, une entité politique indépendante (dès 755) (al-Jabri, 1994 : 95). Quant à la dynastie fatimide, un descendant « présumé de la lignée ismāʿīlienne » fonde la dynastie fatimide en Tunisie (910), mais ils déplacent bien vite leur capitale au Caire (969) (al-Jabri, 1994 : 95)[18]. Même si le pouvoir ismāʿīlien fut une menace aussi bien pour le califat abbasside que pour l'émirat omeyyade d'al-Andalous, ce dernier sut garder son indépendance politique.

Notons aussi que le contexte dans lequel s'élabore la pensée d'Averroès est un durcissement à l'égard des philosophes. Ce sont les docteurs de la loi – la fonction d'encadrement idéologique leur incombe partout dans le monde musulman – qui vont interdire en Occident musulman la philosophie telle qu'elle est pratiquée à l'époque, et ce à cause de son idéologie ésotérique. Ces juristes deviennent en quelque sorte des idéologues d'État. Car le pouvoir veut aussi se démarquer sur le plan idéologique : la domination n'est pas que politique, mais aussi culturelle. Selon M. al-Jabri, c'est la raison pour laquelle l'Occident musulman (ce qu'il nomme le maghrib, le Maghreb et l'Espagne musulmane) n'a pas subi l'influence néfaste des courants philosophique et théologique venus d'Orient[19].

N'ayant pas subi l'influence de la pensée orientale, les savants de l'Occident musulman vont davantage s'adonner à des sciences moins métaphysiques. Et c'est « la logique qui est

---

18 Les ismaʿiliens disent descendre de l'imam Ismāʿil Ibn Jaʿfar al-Ṣādiq, qui est le septième imam et descendant direct de la fille du Prophète de l'Islam Fāṭima et d'ʿAli, premier imam, gendre et cousin du Prophète. Ce sont les Fatimides, adeptes de l'ismāʿilisme, qui fondent la ville du Caire, qui signifie la victorieuse.

19 M. al-Jabri parle de contagion gnostique.

l'objet principal de leur étude » (Urvoy, 2006 : 435). D'ailleurs, d'après M. al-Jabri, beaucoup de savants sont mathématiciens (al-Jabri, 1994 : 131). En effet, lorsque la philosophie fait son apparition en Andalousie, les sciences (comme les mathématiques et les sciences physiques) sont déjà bien installées (contrairement à l'époque de l'apparition de la philosophie dans l'Orient islamique), ce qui ouvre la porte à « la seule et vraie philosophie » selon M. al-Jabri : celle d'Aristote. Il est important de souligner que M. al-Jabri estime que la seule connaissance vraie et infaillible est le raisonnement démonstratif, comme Aristote le préconisait. Cela aura pour conséquence de ne pas chercher à concilier la « raison » et la « transmission » comme c'est le cas en Orient. Aussi, la science devient « le seul fondement sur lequel la philosophie bâtira son édifice » (al-Jabri, 1994 : 105), et cela grâce à l'idéologie du pouvoir en place. Averroès naît dans ce milieu intellectuel favorable. Il devient le plus grand commentateur d'Aristote. Ce fut de ce fait, d'après notre auteur, un moment de renouveau de la pensée arabo-musulmane.

Analysons brièvement ces deux moments que M. al-Jabri considère comme importants.

1. IBN ḤAZM, UN PRÉCURSEUR DU RATIONALISME MAGHRÉBIN

La première période est un moment de préparation avec Ibn Ḥazm, docteur de loi ẓāhirite. Si l'on se réfère à l'ouvrage de Dominique Urvoy, l'événement politique qui a marqué le début de sa vie est la chute du califat de Cordoue (1031)[20]. Il devient même premier ministre lors d'une tentative de restauration du califat umayyade (Urvoy, 2006 : 404). Sa pensée est en dehors du domaine philosophique sauf dans quelques écrits, notamment le traité de logique qu'on lui attribue (Urvoy, 2006 : 436).

Le jurisconsulte adopte une école juridique considérée comme littéraliste (*ẓāhir* : ce qui est directement apparent).

[20] Après la chute du califat, il ne reste plus que de multiples petits États ; deux dynasties berbères marocaines (les Almoravides puis les Almohades) vont garder une domination musulmane sur une partie du territoire jusqu'en 1212.

Dans la pensée juridique d'Ibn Ḥazm, il y a en effet une volonté d'écarter toute forme de subjectivité. C'est aussi un opposant à l'idéologie fatimide qui veut restaurer l'ordre cognitif « indicationnel » comme fondement de la pensée religieuse et lui donner comme fondement méthodologique le syllogisme aristotélicien et, par la même occasion, évincer l'illumination. Donc, au-delà de la simple critique idéologique de la pensée d'Ibn Ḥazm, il faut voir le fondement épistémologique sur lequel il repose. C'est justement cet aspect-là de sa démarche qui intéresse M. al-Jabri. En effet, sa conception du dogme et de la loi repose sur la logique, les sciences physiques et la philosophie. Dans un premier temps, Ibn Ḥazm réalise une critique méthodologique des trois principes sur lesquels repose la vision indicationnelle des penseurs orientaux, car ils mènent à des résultats faux, d'après lui. Dans un deuxième temps, le juriste dénonce le fondement épistémologique de la pensée illuminationniste. Sa critique porte aussi bien sur le chiisme que sur les courants sunnites ; par exemple, le soufisme et les fondements sunnites qu'adopte le pouvoir abbasside (al-Jabri, 1994 : 115). Dans sa critique envers la vision indicationnelle des penseurs orientaux, il remet d'abord en question le principe de la discontinuité[21]. L'autre principe critiqué par Ibn Ḥazm, qui résulte du premier, est le principe de la contingence : comme toute chose provient de la volonté divine et comme la puissance divine est illimitée, la raison finit par nier le principe de causalité et admet de combiner des éléments contradictoires. Ces doctrines sont fausses pour notre juriste, car elles ne reposent ni sur la raison ni sur la révélation coranique. Enfin, la troisième critique porte sur le principe d'analogie. D'autant plus que

> le choix arbitraire – des juristes – d'un point d'affinité entre deux choses, que les docteurs considèrent comme le motif de la mise en rapport analogique, n'est qu'une conjoncture (al-Jabri, 1994 : 112).

Ibn Ḥazm accuse le raisonnement analogique d'être arbitraire, incertain et reposant sur la conjoncture. D'après Ibn Ḥazm, non seulement il est impensable de légiférer sur des

---

[21] C'est-à-dire la thèse atomiste des Mu'tazilites (reprise plus tard par *l'ach'arisme*), idée selon laquelle il existe une création divine perpétuelle du monde et des choses, et tout acte humain devient une volonté divine.

conjonctures, mais la « loi » doit également reposer sur le texte lui-même.

En résumé, pour notre penseur contemporain, ce qui est intéressant dans la pensée d'Ibn Ḥazm, c'est que d'une part, il critique les différents courants venus d'Orient – qui participent à la légitimité religieuse et culturelle de l'État abbasside. Ces courants et références sont les écoles juridiques hanafite et shaféite ainsi que les écoles théologiques ach'arite et mu'tazilite. Ibn Ḥazm réprouve aussi l'imitation (*taqlīd*) des écoles juridiques et préconise l'effort interprétatif – et, d'autre part, sa critique porte sur l'ésotérisme : Ibn Ḥazm estime en effet que l'islam est une religion fondamentalement exotérique qui repose sur des preuves et, de ce fait, ne dissimule aucun secret. Ainsi d'après M. al-Jabri, Ibn Ḥazm déconstruit de fait la dichotomie apparence/cachée sur laquelle repose l'ésotérisme musulman. Mentionnons également que l'inspiration (*ilhām*) ne peut être une source de connaissance, car elle est, d'une part, dénuée de fondement et, d'autre part, n'importe qui peut prétendre avoir reçu une inspiration d'après les explications du juriste de Cordoue (al-Jabri, 1994 : 113 et suivantes).

D'après la pensée d'Ibn Ḥazm, la connaissance repose sur « les données premières de la raison et des sens, et les prémisses procédant de celles-ci » (al-Jabri, 1994 : 115). Malgré les critiques que l'on peut avoir à l'encontre du juriste (al-Jabri, 1994 : 119), M. al-Jabri dit qu'Ibn Ḥazm est néanmoins le pionnier d'une nouvelle ère critique dans la civilisation arabo-islamique. Notons que, malgré le fait qu'Ibn Ḥazm ait été longtemps critiqué à cause de son radicalisme, il s'est imposé grâce aux travaux de plusieurs orientalistes et de penseurs, comme M. al-Jabri, qui voient en lui « le point de départ d'un projet culturel maghrébin spécifique » (Urvoy, 2006 : 404). Selon M. al-Jabri, le littéralisme d'Ibn Ḥazm ne diminue pas le champ de la raison, car il s'agit d'une attitude critique et rationnelle, attachée uniquement au texte, lorsque ce dernier ne se prononce pas sur un sujet donné, cas très restreints, selon les dires même d'Ibn Ḥazm. Par conséquent, tout ce qui échappe à l'emprise du texte relève de la raison humaine (al-Jabri, 1994 : 119). Ibn Ḥazm a été redécouvert par les Hanbalites des XIIIe et XIVe siècles à Damas (notamment Ibn Taymiyya et Ibn al-Qayyim) et, ensuite, par le salafisme wahhābite qui l'a édité et popularisé à une grande échelle au XIXe siècle. L'objectif des orientalistes et de M. al-Jabri n'est certainement pas le même que celui de courants tels que le salafisme.

On remarque qu'on est dans une période de réforme et les éléments qui émanent de la pensée d'Ibn Ḥazm sont non seulement sa vision critique et sa méthode démonstrative[22], mais également la reconstruction de sa pensée qui consiste à éradiquer les courants ésotériques ainsi que la théologie telle qu'elle était pratiquée, c'est-à-dire l'imitation et le raisonnement analogique. Il s'agit de tous les courants que M. al-Jabri lui-même (et Averroès) critique. C'est de ce courant critique qu'Averroès va s'inspirer.

2. AVERROÈS, « LE » REPRÉSENTANT DU RATIONALISME

La deuxième période correspond à celle où se déploie la philosophie d'Averroès ; al-Jabri la qualifie de période de pleine maturité. Il y aura une continuité avec la pensée d'Ibn Ḥazm, mais aussi un dépassement de cette dernière. Il va « légaliser la philosophie en déterminant le rapport, la connexion des deux (philosophie et religion) sur des fondements légaux » (Urvoy, 2006 : 472). Dans son ouvrage intitulé le *Traité décisif*, Averroès ne s'attelle pas uniquement à montrer le caractère licite de la philosophie, mais aussi l'obligation de philosopher. Il convient de souligner qu'Averroès est non seulement un homme de religion, mais aussi un philosophe. Il va, d'une part, montrer le caractère licite de la philosophie en s'appuyant sur son statut de savant musulman et, d'autre part, il va établir une distinction entre « une rationalité philosophique/scientifique » et une « rationalité religieuse/métaphysique », ce qui, d'après M. al-Jabri, le distinguera des philosophes orientaux. L'avènement de la dynastie almohade a permis, d'une part, un retour au sens apparent des textes scripturaires en refusant le conformisme imitatif et, d'autre part, une volonté de redécouvrir la pensée grecque. C'est d'ailleurs le pouvoir qui encourage officiellement Averroès à commenter Aristote. Ainsi, d'après le phi-

22 Il préconise en matière religieuse l'examen inductif et la méthode du syllogisme.

losophe marocain, il y a eu une sorte de retour aux sources dans la pensée philosophique (al-Jabri, 1994 : 122).

Averroès est confronté non seulement au « conciliationnisme avicennien et ses relents gnostiques », mais également à la réfutation d'al-Ghazālī vis-à-vis de la philosophie. Il va développer une critique à l'égard de ces deux courants de pensée. Pour ce faire, sa réflexion va se déployer dans quatre directions.

D'abord, il paraphrase l'œuvre d'Aristote afin de rendre la compréhension de sa pensée accessible à la majorité. Ce qui l'attire dans la pensée d'Aristote, c'est son caractère cohérent systématique : le fait que l'ensemble s'inscrit à l'intérieur d'un système cohérent (al-Jabri, 1994 : 127)[23]. La méthode démonstrative, fondée sur des principes de la philosophie aristotélicienne, est la seule capable de déboucher sur une véritable science. Selon M. al-Jabri, les mérites d'Averroès sont qu'il est un excellent commentateur du vrai Aristote, d'une part, et, d'autre part, qu'il a su enraciner la philosophie aristotélicienne dans la philosophie arabo-musulmane. D'après lui, le commentaire de l'œuvre d'Aristote par Averroès est bel et bien une philosophie musulmane et maghrébine par sa problématique, et rationaliste par sa méthode.

Ensuite, Averroès critique la pensée d'Avicenne et montre que sa méthode n'est pas démonstrative. Sa méthodologie ressemble plus à celle des théologiens. Par ailleurs, il développe le raisonnement analogique pour appuyer sa philosophie qui tente de concilier le domaine de la foi et celui de la philosophie. L'une de ses erreurs est d'assimiler le monde métaphysique au monde physique (al-Jabri, 1994 : 130)[24]. Par exemple, Averroès refuse la théorie de l'émanation, car selon lui nous ne sommes pas dans le même contexte que celui de son élaboration. À l'époque de la Grèce antique, il n'était pas question d'assimiler le monde physique au monde métaphysique par raisonnement analogique. Aussi, nier le principe de la causalité comme le font

---

23 D'autant plus qu'Averroès est conscient que les « principes sur lesquels s'appuyait Aristote dans sa recherche de la vérité n'étaient pas compatibles avec ceux de la religion musulmane ». Pour Aristote, toute vérité est conditionnée par le système dans lequel elle se trouve.

24 La science aussi n'est possible que si on reconnaît la question de la causalité. Pourtant, Avicenne ne nie pas le principe de la causalité.

les théologiens et les philosophes orientaux ne mène pas à une connaissance valable, car « la vraie connaissance a pour objet non les choses séparées, mais leur lien » (al-Jabri, 1994 : 140), ce qui constitue une rupture épistémologique avec la philosophie « orientale ».

Puis, Averroès critique les objections d'al-Ghazālī envers les philosophes car, selon lui, ce dernier ne connaît la philosophie qu'à travers la présentation qu'en fait Avicenne et non à travers les textes. D'après Averroès, la philosophie ne désavoue pas la religion, car le philosophe croyant ne doit pas polémiquer sur les principes de la religion. C'est d'ailleurs le cas des sciences : celles-ci ont toutes des fondements qu'on admet sans les remettre en cause (al-Jabri, 1994 : 141). C'est pareil pour la religion. De plus, la manière d'al-Ghazālī de réfuter la philosophie n'est pas démonstrative.

Enfin, Averroès a permis l'élaboration d'une nouvelle méthode permettant d'observer le sens apparent du texte coranique. M. al-Jabri ajoute toutefois à ce principe la nécessité de prendre en compte l'intention de ce dernier. Il y a donc une systématisation du ẓāhirisme par Averroès (qui était, rappelons-le, le Grand cadi du Malékisme à Cordoue) : d'une part, la nécessité de recourir à l'examen inductif du texte coranique lorsque le sens est difficile à saisir et, d'autre part, la prise en compte de l'intention du législateur d'inciter à la vertu (al-Jabri, 1994 : 147). Selon lui, la notion d'intention dans les sciences religieuses est l'équivalent des causes naturelles dans les sciences rationnelles. En posant ces principes, on peut introduire une rationalité et une méthode démonstrative dans les sciences traditionnelles.

D'après M. al-Jabri, la pensée philosophique d'Averroès est un « rationalisme critique et réaliste ». C'est ainsi que, d'après lui, Averroès imagine, sur de nouvelles bases, le rapport entre philosophie et religion « suivant le principe d'après lequel chacune d'elles procède de ses propres principes et utilise sa propre méthode et raisonnement » (al-Jabri, 1994 : 124)[25]. Ce qui permet à chacun de ces domaines de préserver aussi bien son identité que son indépendance. Car nous savons que les sciences profanes ne cessent de se contredire et sont en muta-

---

25 Philosophie et raison recherchent le même but, c'est-à-dire la vertu.

tion permanente. Le contexte dans lequel naît le discours averroïste est le reflet de son époque et de ses affrontements politiques. En effet, politiquement et idéologiquement, il s'agit d'un courant critique à l'égard de la pensée orientale, où « le temporel s'absolutise dans la religion », et d'un Occident musulman, qui préconise une pluralité du temporel au sein de l'unité religieuse. Et philosophiquement, il s'agit de rejeter cette pensée orientale, qui a pour fondement idéologique de concilier religion et philosophie. Il faut aussi noter un certain rejet du soufisme, car il s'agit d'« un article étranger importé de Perse et incompatible avec la religion islamique », la religion musulmane étant, d'après M. al-Jabri, réaliste et rationnelle, sans aucune tendance à l'ésotérisme (al-Jabri M., 1994 : 163).

3. LA NÉCESSITÉ DE DIFFÉRENCIER LE REGISTRE DE LA FOI ET CELUI DE LA RAISON

Après avoir étudié les principes épistémologiques sur lesquels repose la raison arabe et avoir analysé les mécanismes inconscients de la pensée arabe, M. al-Jabri note des constantes dans la pensée religieuse islamique. L'une de ces constantes est de chercher le parallélisme entre la religion et la philosophie. Car, selon lui, encore aujourd'hui, l'erreur de la pensée musulmane est de confondre le registre de la foi et celui de la raison, la pensée arabe subordonnant toute réflexion intellectuelle au primat du texte sacré. La confusion entre raison et foi entraîne une aliénation de la pensée. M. al-Jabri met en avant la nécessité d'opérer une différenciation entre la foi et la raison pour moderniser la raison arabe. La pensée rationaliste est une théorie attachée à la réalité sensible alors que la foi la dépasse. Il faut les distinguer sans nécessairement les opposer. Ce sont deux niveaux de réalités différents qui peuvent d'ailleurs être complémentaires. Il ne s'agit donc pas de substituer un registre à un autre, ni de tenter de concilier les deux, chacun ayant ses impératifs propres. La pensée arabe, pour prétendre au progrès, doit respecter l'autonomie de chacune à l'égard de l'autre. Il ne s'agit donc pas de moderniser la religion (ni d'ailleurs d'islamiser la modernité) ; l'objectif de M. al-Jabri, nous semble-t-il, est de faire une distinction entre le profane et le sacré.

Selon M. al-Jabri, Averroès a non seulement effectué une rupture épistémologique, mais il a également fourni les conditions d'une relève. C'est la relève qu'il propose qui doit être investie afin d'établir « un dialogue entre notre tradition et la pensée contemporaine » (al-Jabri, 1994 : 165). C'est ce dialogue qui, selon le philosophe marocain, permet à la fois l'authenticité et la modernité (il parle ici plutôt de contemporanéité). Il établit un parallèle avec « la pensée mondiale contemporaine » et la philosophie grecque à l'époque d'Averroès. On doit reproduire le même rapport à l'Autre que celui qu'entretenait Averroès avec la philosophie de l'antiquité, ce dernier établissant une distinction entre la méthode et la théorie. Ce qui revient à faire la séparation entre l'instrument et la matière. Comme l'a fait Averroès, il faut acquérir la méthode, mais M. al-Jabri ajoute qu'il faut aborder la méthode en critique attentif (al-Jabri, 1994 : 167). Quant à la matière, il faut que les penseurs musulmans contemporains la construisent eux-mêmes. C'est cela être conscient de l'universalité du savoir. Pour un renouvellement authentique de la pensée, il faut retrouver l'esprit averroïste : « il faut le rendre présent dans notre pensée » à l'instar de l'esprit cartésien en France ou de l'esprit empiriste (Locke et Hume) en Angleterre. Ceci permet d'avoir son propre système de pensée et un esprit ancré dans son héritage.

Une société ne peut ramener à sa conscience qu'une tradition qui lui appartient, car un peuple vit toujours au sein de sa propre tradition (al-Jabri, 1994 : 169). Il ne s'agit pas pour lui d'une vision nationaliste, mais cela permet de construire l'avenir à partir de sa réalité propre, à partir de son histoire et de sa personnalité spécifique. D'autant plus que l'esprit averroïste est adaptable aujourd'hui, car il prône « le rationalisme, le réalisme, la méthode axiomatique et l'approche critique » (al-Jabri, 1994 : 168), qui sont des valeurs scientifiques de notre époque.

Un retour à l'héritage hellénique (et, plus particulièrement, à la pensée d'Aristote), relayé par la pensée d'Averroès, permettra-t-il aux sociétés arabo-musulmanes d'entrer de plain-pied dans la modernité ? Nous allons tenter de répondre à cette question dans le quatrième chapitre.

Chapitre 4

M. Arkoun : déplacement vers un humanisme séculier et universel, à partir de la période « humaniste » de l'histoire arabo-musulmane

Après avoir exposé les moments que M. al-Jabri estime être ceux nécessitant un investissement pour la reconstruction d'une modernité arabo-musulmane, nous allons à présent aborder ce que M. Arkoun présente comme le point de départ de l'avènement d'un humanisme.

La période « humaniste » et le contexte historique du développement des sciences dites profanes

L'épanouissement des sciences dites profanes dans le contexte musulman commence à partir du IXe siècle, et ce grâce au contexte économique, social, culturel et politique (Arkoun, 2006 : 22). Dès lors, le champ intellectuel islamique s'ouvre à différents savoirs. Il s'agit d'une période qui, dans le contexte arabo-musulman, se prolonge jusqu'au XIIe siècle environ. On assiste tout d'abord, dans le domaine économique, à l'éclosion d'une classe marchande. Cette élite économique connaît un élargissement de ses horizons grâce aux nombreux voyages qu'elle effectue. Ensuite, d'un point de vue social, cette élite urbaine permet l'éclosion d'un humanisme séculier grâce à de riches mécènes parmi lesquels on retrouve des voyageurs humanistes. Il s'agit par ailleurs d'une période jouissant d'une grande ouverture culturelle vis-à-vis des autres civilisations, notamment par l'influence de la tradition philosophique grecque. C'est une période au cours de laquelle on fait revivre les œuvres de l'Antiquité dans la mesure où celles-ci donnent naissance « à des curiosités nouvelles et provoquent une promotion spectaculaire de la raison comme moyen et garant de la connaissance » (Arkoun, 1973 : 26). Cela permet non seulement une avancée culturelle, mais également un « humanisme laïcisant » (Arkoun, 1999 : 8). Enfin, au niveau du champ politique, existe à cette époque une ouverture sur un savoir profane des classes dirigeantes, d'abord sous le calife al-Ma'mūn (m. 833), puis sous l'empire Būyide qui, d'après notre penseur, fut une période d'éclosion intellectuelle, sa caractéristique étant de favoriser le foisonnement intellectuel, le pluralisme religieux et culturel (Arkoun, 1999 : 6). Nous pouvons constater que la position de M. Arkoun à l'égard de la culture iranienne est différente de l'attitude de M. al-Jabri vue plus haut.

L'*adab* : une culture humaniste

La concomitance des quatre facteurs que nous venons d'évoquer a permis l'épanouissement d'un humanisme arabo-musulman (Arkoun, 2006 : 22). C'est notamment au sein de l'élite urbaine que des savoirs profanes se développent ; l'un de ceux-ci, qui retient l'attention de M. Arkoun, est l'*adab* philosophique. L'*adab* est une sorte de culture humaniste, la période de développement de ce savoir profane étant dès lors qualifiée d'humaniste par M. Arkoun. De fait, cette période a produit des intellectuels avec une sensibilité humaniste qui fut à la base des œuvres les plus stimulantes.

L'*adab* – et notamment l'*adab* philosophique – a une orientation rationnelle et laïque. C'est pourquoi M. Arkoun affirme qu'il y a un déplacement de la frontière du pensable et de l'impensable (Arkoun, 1975 : 55). Le terme *adab* peut être défini comme « l'ensemble des connaissances profanes directement utilisables par le citadin cultivé dans l'ordre cognitif, éthique et esthétique » (Arkoun, 1975 : 54). Il convient de noter qu'il ne s'agit pas uniquement de littérature, mais de l'ensemble des savoirs de la civilisation islamique parvenue à sa maturité. Cette discipline est également liée à l'entourage du pouvoir politique. D'ailleurs, M. Arkoun parle d'une « culture éthico-politique et littéraire » (Arkoun, 1999 : 5). En d'autres termes, il s'agit d'un savoir aristocratique attaché à la cour et dès lors réservé à une élite intellectuelle, économique et urbaine. Nous le constaterons lorsque nous nous attarderons sur deux auteurs de l'époque.

En outre, la pensée islamique se devait d'inclure l'élément grec dans sa réflexion, soit une attitude philosophique différente à l'égard du monde et à l'égard de « l'homme-au-monde » (Arkoun, 1973 : 26) ; autrement dit, l'idée d'un savoir méthodique édifié par l'homme comme individu « autonome, conquérant et puisant en lui-même les motifs de son entreprise et les critères du vrai » (Arkoun, 1973 : 36). Ainsi, affirmer que l'homme est autonome et qu'il trouve en lui les critères du vrai constituent des motifs le poussant à parler d'« humanisme, car la réflexion est centrée sur l'homme » (*ibid.*).

Cette pensée, qui a une exigence critique et rationnelle, va toutefois être progressivement marginalisée et finalement se perdre pour être remplacée par une pensée dogmatique et une raison scolastique. D'après M. Arkoun, l'une des raisons de la marginalisation du courant rationaliste est la réaction sunnite à l'égard de cette pensée rationaliste. Notons que pour M. Arkoun, le sunnisme commence à triompher à partir du XIe siècle (Arkoun, 2006 : 184). Notre penseur insiste aussi sur la dimension idéologique du mouvement sunnite en raison de sa prétention à détenir l'islam vrai (Arkoun, 1975 : 23). De plus, cette réaction sunnite exclut non seulement les savoirs rationnels, car elle les considère comme étrangers, mais impose également « une pratique orthodoxe scolastique de la pensée religieuse » (Arkoun, 2006 : 142). Par conséquent, le champ intellectuel va commencer à se rétrécir à partir du Xe siècle.

1. UNE INSPIRATION ORIGINELLE DEPUIS DEUX FIGURES ANTAGONIQUES DE L'HUMANISME ISLAMIQUE : TAWḤĪDĪ, L'HUMANISTE RÉVOLTÉ, ET MISKAWAYH, L'HUMANISTE SEREIN

Cette période de foisonnement culturel, que nous avons décrite plus haut, a fourni deux illustres figures de l'humanisme islamique : Tawḥīdī (m. 1023) et Miskawayh (m. 1029). Ceux-ci ont profité de la vie culturelle sous la dynastie būyide et de l'émergence de l'*adab*. M. Arkoun affirme que les écrits de ces deux humanistes, vivant au sein de la société būyide, atteignent un degré d'universalité inégalé dans le contexte islamique (Arkoun, 1973 : 147). En effet, ils tentent de rendre compte de l'existence de l'homme et des conséquences de cette existence ; leur pensée est donc centrée sur l'homme. En d'autres termes, l'homme doit être compris grâce à l'apport de tous les savoirs disponibles à l'époque. Les deux auteurs sont contemporains et ont d'ailleurs entretenu une correspondance. De cet échange va naître un ouvrage rédigé sous forme de dialogue dont le titre est *Le livre des questions-réponses* (*Kitāb al-Hawāmil wal-shawāmil*) (Arkoun, 1973 : 88).

M. Arkoun affirme que Tawḥīdī est un humaniste indigné et révolté. D'ailleurs, nous dit-il, à la fin de sa vie, il finit par avoir une pensée pessimiste (Arkoun, 1973 : 116) : on le constate dans son affirmation « l'homme est un problème pour l'homme ». En tant qu'humaniste, sa réflexion est non seulement centrée sur l'homme, mais également sur la raison raisonnante (Arkoun, 1973 : 89). Par ailleurs, sa pensée va dans le sens d'un approfondissement spirituel au détriment de la ritualisation de la religion. D'après M. Arkoun, il garde cependant, dans ses écrits, une dimension spirituelle (Arkoun, 1999 : 8). Le mysticisme et le muʿtazilisme apportent à Tawḥīdī une méthode et un cadre à « l'expression tragique de la vie » (Arkoun, 1973 : 93). Ce qui montre que Tawḥīdī est un penseur attaché à la soumission à Dieu, mais, en même temps, qui accorde toute sa confiance à la raison. De plus, Tawḥīdī (contrairement à Miskawayh) adhère à la théorie sacralisant l'arabe, attendu qu'elle est d'origine divine (Arkoun, 1973 : 119). C'est pourquoi M. Arkoun parle d'humanisme religieux, un thème que nous développerons plus bas, même si la raison a une certaine autonomie par rapport aux périodes ultérieures. Toutefois, M. Arkoun nous dit que Tawḥīdī est un *adīb* parfait en vertu de son esprit indépendant, mais aussi car il fait preuve d'une audace intellectuelle à tel point qu'il finit par se heurter à des esprits plus conformistes (Arkoun, 1973 : 101).

Miskawayh est quant à lui un Persan qui a vécu à Bagdad. Contrairement à Tawḥīdī, il est un « haut fonctionnaire jouissant d'une totale sécurité matérielle et d'un assez large crédit » (Arkoun, 1973 : 89). M. Arkoun présente Miskawayh comme un sage philosophe et un humaniste serein (Arkoun, 1973 : 123).

L'une de ses caractéristiques est son ouverture d'esprit, non seulement à la riche tradition iranienne, mais également à « une histoire universelle des cultures et des peuples connus en son temps » (Arkoun, 2006 : 26). Il doit son regard philosophique à l'influence de la tradition philosophique grecque. Être philosophe implique de vivre selon les exigences de la raison, mais nécessite encore une quête de la sagesse (Arkoun, 1973 : 132). La sagesse doit être comprise comme un élément unificateur. Ainsi, la posture philosophique contient-elle donc un aspect éthique, soit une sorte d'élan constant qui anime le cœur et la raison. La pensée éthique de Miskawayh est fortement influencée par la pensée grecque (notamment celles d'Aristote et de Platon), à tel point qu'elle est plus déterminante que le Coran lui-même (Arkoun, 1973 : 124). C'est pourquoi M. Arkoun dit qu'il s'agit d'une conscience largement « laïcisée ». Miskawayh a également un sens de la relativité qui le protège du dogmatisme religieux (Arkoun, 1973 : 129). De ce fait, son esprit peut être qualifié de moderne. En ce qui concerne son traité d'éthique, il s'agit d'une œuvre qui relève de l'histoire de la philosophie. L'éthique qu'il y développe est dans la lignée grecque (Arkoun, 1973 : 139). En effet, cet ouvrage, considéré comme le traité d'éthique philosophique le plus influent dans le contexte musulman (Arkoun, Benzine, & Schlegel, 2012 : 180), est inspiré de *L'Éthique à Nicomaque* d'Aristote et des commentaires de ce livre.

Ces deux esprits indépendants ne sont évidemment pas les seuls ; M. Arkoun cite plusieurs autres esprits audacieux comme Avicenne (m. 1037), Fakhr al-Dīn al-Rāzī (m. 1209), al-Jāḥiẓ (m. 869), Ibn Ḥazm (m. 1064) et bien d'autres.

2. L'HUMANISME ISLAMIQUE, UN HUMANISME THÉOCENTRIQUE

En dépit du fait que, d'après les propos de M. Arkoun, l'humanisme que nous avons évoqué plus haut soit issu du courant rationaliste et laïc, la mentalité musulmane de l'époque est dominée par la vision religieuse. Par conséquent, il s'agit d'un humanisme religieux. En effet, tous les savoirs de l'époque se développent dans un espace mental limité et lié à la vision théologique. M. Arkoun fait d'ailleurs un constat analogue concernant la philosophie : il s'agit d'une philosophie religieuse, car elle ne connaît pas de développement autonome, c'est-à-dire qu'elle est soumise aux contraintes théologiques (Arkoun, 1973 : 25). La dimension religieuse n'a jamais été absente, même parmi les penseurs les plus audacieux (Arkoun, 1973 : 47). Par conséquent, même dans les sciences dites rationnelles (comme l'*adab* philosophique), il existe une affirmation islamique et un usage mythique de la raison (Arkoun, 1973 : 57). Ainsi, le thème de l'homme parfait qui excelle (même en utilisant un lexique différent) dans différents domaines – par exemple, dans le champ de la philosophie (le sage), du mysticisme (l'initié), de la culture (l'honnête homme) ou des mondanités (raffiné) –, suppose le même principe implicite d'un être capable de « cheminer dans la voie de la perfection pour "ressembler à Dieu", voire une volonté de s'identifier à Dieu » (*ibid.*).

L'humanisme islamique est théocentriste : Dieu s'est manifesté dans l'histoire de l'humanité à travers des prophètes, et le but principal est de suivre son commandement, d'autant plus que tout vient de Dieu et tout revient à lui. Dans le contexte islamique, cet humanisme reçoit un renfort juridique grâce à la science des Fondements de la loi qui permet de vérifier que tous les énoncés juridiques dérivent bien du Coran ou des propos prophétiques (Arkoun, 1999 : 4 et suivantes). Par conséquent, l'humanisme islamique (comme la raison islamique) est enfermé à l'intérieur de barrières dogmatiques (Arkoun, 2006 : 19), ce qui limite le développement humaniste de la pensée, d'où la nécessité d'un humanisme séculier que nous allons développer plus bas.

3. TENSIONS ENTRE RAISON ET FOI

Dès le départ, dans le contexte arabo-musulman, il existe deux types de savoirs. D'une part, les sciences dites religieuses et, d'autre part, les sciences dites profanes, ce qui donne naissance à une tension entre ces deux types de pensée (Arkoun, 1975 : 25). M. Arkoun ajoute que l'ensemble des sciences religieuses dites islamiques se sont développées dans « un climat dominé par un certain rationalisme » (Arkoun, 1975 : 35). De ce fait, la relation entre foi et raison est une question qui a tourmenté la conscience médiévale. C'était une telle préoccupation à l'époque que les penseurs étaient obligés de prendre position sur la question. Cette tension, qu'il qualifie d'éducative, atteint son apogée avec les œuvres d'al-Ghazālī et d'Averroès, deux illustres esprits dans la pensée arabo-musulmane (Arkoun, 1973 : 36). En effet, ces deux philosophes reprendront les éléments de cette tension « dans un système plus ample et plus technique » (Arkoun, 1973 : 103). M. Arkoun considère Averroès comme un repère significatif concernant l'usage religieux et philosophico-scientifique de la raison (Arkoun, 2006 : 144). Ibn Ḥazm semble également être important pour M. Arkoun, car il est le premier, selon lui, à instaurer une *disputatio* (*munāẓara*) très rigoureuse d'un point de vue intellectuel.

À ce propos vont se dégager deux lignes de pensées majeures à travers les réponses apportées à cette problématique. Celles-ci peuvent être résumées ainsi : d'une part, « philosophie et religion sont deux domaines complémentaires de l'activité humaine » (Arkoun, 1973 : 103), c'est-à-dire des démarches de l'esprit qui sont distinctes. D'autre part, « philosophie et religion ont une même cause finale » (Arkoun, 1973 : 104) : les différentes raisons (religieuse et raison raisonnante) finissent par s'effacer et se laissent réduire à l'unité (Arkoun, 1973 : 106). Il s'agit donc clairement de la conciliation des deux voies de la foi et de la raison.

Depuis la mort d'Averroès, que M. Arkoun signale comme un jalon important dans la transformation de ce champ intellectuel, il n'y a plus de penseur qui ait demandé l'indépendance de la raison dans le contexte de la philosophie musulmane. En terre d'islam, nous sommes dans une période de reproduction scolastique ; nous assistons non seulement à la sélection et à l'élimination des écrits les plus stimulants, mais également au renforcement de la clôture dogmatique, ce qui a eu pour conséquence une régression de la pensée islamique entre les XIVe et XIXe siècles. Au cours de cette période, la clôture dogmatique s'est renforcée, d'une part, par rapport à la période classique et, d'autre part, vis-à-vis d'une Europe très avancée dans beaucoup de domaines en comparaison du reste du monde (Arkoun, 2006 : 145).

4. VERS LA PROMOTION D'UN HUMANISME SÉCULIER

La posture humaniste consiste à ne rien exclure de ce que produit l'homme, même pas son attitude critique envers le dogme de la croyance religieuse qui représente « une des bases constitutives de la pensée et de la pratique démocratique » (Arkoun, 2006 : 22). L'usage de la raison dans le domaine philosophique répond aux attentes théologiques (aux convictions islamiques) et est applicable à toute la pensée islamique.

D'après l'islamologue franco-algérien « toute culture se développe et s'organise sur la base de trois notions : Dieu, l'homme et l'univers » (Arkoun, 1973 : 47). La dominante théologique, humaniste et technologique, avance M. Arkoun, dépendra non seulement du rapport qu'entretient une civilisation avec ces trois notions mais encore du statut qu'elle leur assigne. Jusqu'au XIXe siècle, la culture arabo-musulmane dans son ensemble adopte une posture verticale « Dieu-homme-univers » (Arkoun, 1973 : 46). Ainsi, l'homme n'a-t-il pas été appréhendé dans une « positivité spécifique » (Arkoun, 1973 : 47). L'un des paradoxes dans les sociétés liées au fait islamique réside également dans l'adhésion individuelle et collective à une référence obligatoire : le Coran, qui est censé dicter ce qui est licite et illicite, ce qui oriente le déroulement des sociétés humaines (Arkoun, 2006 : 57).

Néanmoins, aujourd'hui, cet espace mental fermé est bouleversé par la raison moderne. Donc, l'idée de réactualiser les acquis de cet humanisme est nécessaire, mais pas suffisante, car, d'après notre islamologue, il est enfermé « dans l'espace mental médiéval » (Arkoun, 1999 : 8). Aujourd'hui, il est nécessaire de mettre en place un humanisme « sans frontières religieuses, politiques ou scientistes » (Arkoun, 2006: 139), ce qui nécessite un changement de postulats, de méthodes et de vision afin de s'insérer dans la modernité. Cette rupture s'opère grâce à l'homme moderne occidental du XVIIIe siècle. Il rompt le lien entre « la Créature obéissante et le Créateur Tout-Puissant » (Arkoun, 1999 : 6). Depuis lors, l'homme se déclare comme « un sujet autonome et affranchi de toutes attaches ». En revanche, dans le monde musulman, l'ethos religieux mobilise encore les masses.

D'après M. Arkoun, le vrai problème des sociétés musulmanes pour accéder à la modernité est que celle-ci « implique des modes de pensée, des conduites pratiques, des conceptions de l'homme et de l'histoire auxquels les sociétés islamiques, telles qu'elles résultent d'évolutions particulières, ne sont nullement préparées » (Arkoun, 1973 : 299). De plus, la corrélation développé/sous-développé renforce l'idéologie de combat qui s'alimente de certains fragments de l'histoire arabo-musulmane. M. Arkoun parle d'ailleurs d'accentuation idéologique et mythologique de la culture islamique moderne. Il faut réintégrer l'islam dans l'effort de libération humaine tel qu'il a été produit en Europe (Arkoun, 1973 : 301-305).

M. Arkoun se présente comme un intellectuel humaniste. Il préconise un humanisme sans aucune frontière ni religieuse ni politique ni scientiste. C'est d'ailleurs, depuis les années 1970, le but principal de son travail. L'intellectuel critique doit refuser toute appartenance doctrinale, politique ou nationale. Il refuse, par exemple, le qualificatif musulman qui le relie à une appartenance doctrinale. La fonction principale de l'intellectuel est l'exercice de la raison critique afin d'atteindre l'autonomie de la raison. Pour ce faire, l'intellectuel intègre doit être libéré de toutes ses attaches religieuses, politiques et nationales. L'option humaniste permet de se libérer de toutes ces attaches. Il faut donc transgresser tous les enfermements qu'ils soient d'ordre religieux ou idéologique. M. Arkoun dénonce également les religions séculières (comme, par exemple, le marxisme, le nationalisme). D'après lui, il s'agit de se livrer à une véritable ascèse de la raison. L'intellectuel se doit d'avoir une exigence ascétique de manière à faire émerger un humanisme sans frontière aucune (Arkoun, 2006 : 136 et suivantes). La raison religieuse ne doit pas seulement être interrogée, mais être mise en échec comme l'a été le christianisme, pour ensuite suivre le même cheminement.

Partie 3

Entrevoir les enjeux différenciés de la rationalité chez les deux auteurs

Dans la partie précédente, nous avons constaté que M. al-Jabri préconise une reconstruction rationaliste alors que M. Arkoun plaide pour une reconstruction humaniste de la pensée arabo-musulmane. Nous avons vu aussi que les deux auteurs sont d'accord pour un renouvellement de la pensée sur base d'une rationalité critique. Dans cette troisième partie, nous nous intéresserons à la manière dont les deux penseurs envisagent un accès effectif et réel à la modernité dans les sociétés arabo-musulmanes.

Chapitre 5

Rationalisme et libération de la pensée chez M. al-Jabri

1. QUEL RATIONALISME ET QUELLE MODERNITÉ ?

1.1. Ancrer le rationalisme dans le patrimoine

Dans les chapitres précédents, nous avons vu comment M. al-Jabri envisage le renouvellement de la pensée musulmane après avoir constaté qu'il existe une déficience dans la manière dont les intellectuels musulmans pensent leur tradition. Ainsi, ce qui l'intéresse est moins la tradition en elle-même que la structure de la raison arabe. Car, selon lui, pour rejoindre la marche du progrès, il faut trouver les fondements de la raison arabe à travers l'histoire. Cette relecture de l'histoire de la pensée arabe se fait sur des bases rationnelles. Seul le rationalisme peut faire sortir le monde arabe du chaos culturel dans lequel il se trouve (Abu-Rabiʿ, 2004 : 265). La modernité ne signifie pas un rejet ou une rupture avec le passé et la tradition. M. al-Jabri veut garder la spécificité de la culture arabe et ses apports intrinsèques pour une modernité typique. La volonté de rehausser le rapport au passé naît du constat de l'attachement des sociétés arabo-musulmanes à leur tradition. La critique de l'héritage arabo-musulman doit donc s'appuyer « sur des éléments d'esprit critique manifestés dans la culture arabe elle-même » (al-Jabri, 1994 : 25). Pour produire des effets sur les sociétés, le projet de modernité doit s'inscrire dans leurs traditions culturelle et spirituelle particulières. Il s'agit en quelque sorte d'activer la culture arabe de l'intérieur. Et nous avons vu que l'exemple à suivre pour accéder à la modernité, selon M. al-Jabri, est le philosophe andalou Averroès.

En effet, il est important de noter que M. al-Jabri est un penseur laïc ayant eu une formation dans l'enseignement moderne, c'est-à-dire qu'il ne fait pas partie du corps des savants musulmans. Aussi, il ne propose pas « des conceptions critiques ou alternatives par rapport aux doctrines religieuses traditionnelles » (Filali-Ansary, 2003 : 127). En outre, d'après A. Filali-Ansary, M. al-Jabri ne fait pas partie de ces intellectuels qui défendent la sécularisation contre la montée de la pensée islamiste. Son travail tente plutôt « de mobiliser des connaissances pour faire avancer le débat sur des questions brûlantes » (Filali-Ansary, 2003 : 129). Cependant, les débats dans les sociétés musulmanes sont fort liés à la question identitaire et aux questions religieuses. L'intellectuel arabe, s'il veut avoir un impact sur la société, est obligé de parler des thématiques qui touchent la population.

M. al-Jabri défend l'autonomie de la raison. Selon lui, l'approche rationnelle critique doit être appliquée dans tous les domaines de la vie. Le progrès ne peut être enclenché dans le monde musulman qu'après une rationalisation. Seule une pensée rationnelle donnera les moyens de transformer le réel et de faire des projections dans l'avenir. De plus, l'extrémisme est le résultat de la démission de la raison : il s'agit – toujours selon M. al-Jabri – d'une réaction irrationnelle, d'autant plus que les extrémistes n'analysent pas les véritables causes à l'origine de leur déclin et de leurs problèmes, mais puisent leurs argumentations dans « le capital symbolique » de la masse. C'est de là que proviennent toutes « les mystifications idéologiques » du discours extrémiste (al-Jabri, 1994b : 29-30). Il convient de signaler que, selon M. al-Jabri, les causes du succès de ce discours extrémiste au sein des populations sont aussi liées à un contexte socio-économique défavorable, couplé à un arbitraire politique. Un climat intellectuel ouvert à l'esprit critique et à la rationalité « doit être créé par l'éducation, promu et diffusé par la culture ». Cependant, les solutions envisagées par M. al-Jabri ne sont pas encore présentes dans les sociétés arabes. Selon lui, deux types d'enseignement existent dans le monde arabe : une éducation technologique et un enseignement « mythifiant », ces deux types d'enseignements ayant en commun l'absence d'esprit critique. Par conséquent, la raison critique est un dispositif en déficit dans les sociétés arabes. Or, elle constitue un impératif dans ces sociétés, car elle permet la régulation des dérives, notamment l'instrumentalisation du religieux et d'autres idéologies.

1.2. Reconstruire ensuite une modernité à partir d'une « rationalité arabo-musulmane »

Pour M. al-Jabri, il existe des modernités qui diffèrent d'une époque et d'un lieu à l'autre. Il s'agit d'un phénomène historique et non universel. Situer le phénomène de la modernisation sur le plan historique permet à M. al-Jabri d'appeler à une modernité spécifiquement arabe. D'ailleurs, d'après Ahmed Mahfoud et Marc Geoffroy[26], l'originalité de l'œuvre de M. al-Jabri, par rapport à d'autres productions d'intellectuels arabes modernes, est d'avoir inscrit sa réflexion critique à l'intérieur même du patrimoine culturel arabo-musulman, qu'il envisage «comme un système de notions, de valeurs, doué de sa consistance propre, dans lequel il faut s'engager, qu'il faut habiter, pour le percevoir dans sa réalité propre » (al-Jabri, 1994 : 25). La modernité n'est pas une fin en soi, mais elle doit être comprise, selon M. al-Jabri, comme un élan novateur qui permet de renouveler la manière de penser et de changer les mentalités. Elle doit également être appréhendée comme une étape de l'histoire humaine.

D'ailleurs, d'après lui, le fait de parler de postmodernisme montre que c'est un phénomène à situer historiquement. L'avènement de la modernité a permis à la raison et à l'approche scientifique de triompher de la tradition et des écrits sacrés dans la civilisation occidentale. Cependant, M. al-Jabri refuse d'identifier la modernité à la seule histoire occidentale. La modernité n'est pas un phénomène homogène, il en existe plusieurs expressions. Les Arabes doivent construire une modernité particulière. Celle-ci doit s'ancrer dans leur histoire. Ils doivent trouver leur voie propre. Les sociétés arabes n'ont pas encore accédé à cette étape de l'histoire et, pourtant, la modernité est un impératif. Deux éléments sont essentiels pour qualifier un phénomène de moderne : la raison et la démocratie. D'après M. al-Jabri, il s'agit de deux valeurs fondatrices qui caractérisent la

---

[26] Il s'agit des deux traducteurs de l'ouvrage de M. al-Jabri *Introduction à la critique de la raison arabe*.

modernité. À ce propos, le philosophe marocain nous dit que « toutes les expressions de la modernité devront être axées autour de la rationalité et de la démocratie » (al-Jabri, 1994 : 26). Ces deux facteurs ne sont pas un produit d'importation, mais bien les conditions mêmes de la modernité. En somme, la modernité est une approche rationnelle de tous les domaines de la vie. Comme nous l'avons vu plus haut, l'une des principales caractéristiques de la pensée de M. al-Jabri est qu'il est à la recherche d'une modernité arabo-musulmane spécifique. En effet, pour lui, l'entrée dans la modernité ne doit pas signifier une occidentalisation.

2. CRITIQUE DE LA RAISON POLITIQUE EN ISLAM

Après avoir montré les mécanismes et principes de l'acte cognitif dans la pensée arabe, M. al-Jabri avance que, pour comprendre les mécanismes de la raison arabe et « la raison de la réalité arabe » (al-Jabri, 2007 : 19), il faut également analyser le rapport entre religion et politique.

En effet, la détermination politique a toujours été très importante dans la pensée arabo-musulmane, et cela dès le moment de sa naissance, selon les dires de M. al-Jabri (al-Jabri, 1994 : 86). Aussi, la confrontation est beaucoup plus d'ordre politique que strictement religieuse. En d'autres termes, la restriction de la pensée arabo-musulmane est principalement d'origine politique, même si le facteur religieux ne doit pas être négligé, nous semble-t-il, car il est un élément mobilisateur pour la masse des gens. De plus, le pouvoir politique se sert également du religieux pour mieux asseoir sa domination et son manque de légitimité, et cela, depuis le départ, lors de la crise politique qui divise la jeune communauté peu de temps après la mort du prophète de l'islam. Le pouvoir se sert donc aussi bien du religieux que des philosophes pour mettre en place son projet politique et culturel. La question de l'incompatibilité de l'islam et de la modernité se pose alors. Est-ce qu'il y a une exception islamique réfractaire à une modernisation des sociétés musulmanes ou bien s'agit-il d'abord de la construction historique d'une mentalité et d'une personnalité forgées uniquement par une rationalité religieuse ainsi que de l'asservissement des théologiens et penseurs au pouvoir en place ? Nous allons maintenant voir les réponses que M. al-Jabri apporte à ces questions. Dans un ouvrage qu'il consacre à ce sujet, *al-'Aql al-siyāsī al-'arabī*, il analyse les différentes étapes historiques de la raison politique dans les sociétés arabo-musulmanes et décrit les mécanismes de la raison politique islamique.

2.1. Réfléchir sur les fondements de la raison politique en islam

Le titre de son ouvrage sur la raison politique est significatif : alors que le traducteur traduit *al-'Aql al-siyāsī al-'arabī* par *La raison politique en islam*, une meilleure traduction serait « la raison politique arabe ». Pour suivre la logique de M. al-Jabri, on passe du général *critique de la raison arabe* au particulier *critique de la raison politique arabe*.

Comme la politique est une matière d'histoire, M. al-Jabri commence son ouvrage avec l'avènement de l'islam et situe le commencement de la raison politique au début de la prédication du prophète de l'islam. À le suivre, les Arabes n'avaient aucune aptitude à « la gouvernance » dans le sens étatique du terme. Pour lui, il n'y a pas eu d'État au moment de la prédication du prophète de l'islam : c'est sa prédication qui a donné naissance à une vie collective organisée, surtout à Médine. La prédication du prophète de l'islam aboutit à un mode de gouvernement, raison pour laquelle M. al-Jabri admet que le Coran contient un aspect législatif, des commandements qui doivent être mis en œuvre par une autorité politique (Filali-Ansary, 2003 : 131). Le philosophe marocain note qu'il n'existe aucune disposition, que ce soit dans le Coran ou dans la *sunna*, qui définisse de manière précise les règles de gouvernance et indique le rapport entre politique et religion. Une telle inexistence d'un modèle de gouvernance est d'ailleurs, d'après M. al-Jabri, un problème récurrent auquel doivent faire face encore aujourd'hui les musulmans.

Pour M. al-Jabri, comme les musulmans n'avaient pas de modèle de gouvernance précis, un « vide institutionnel » s'est fait ressentir lors de la mort du prophète. Cette absence de règles formelles dans le texte coranique ou dans les propos prophétiques authentiques engendrera une passation de pouvoir difficile aussi bien après la mort du prophète que lors des successions califales (Dourari, 2000 : 77). Le système de gouvernement adopté à la mort du prophète de l'islam est lié aux conjonctures stratégiques et politiques de l'époque. Cette expérience historique, théorisée par la suite, devient progressivement un modèle, et il y a donc une sorte de légitimation *a posteriori*. Les périodes qui vont succéder à l'époque des quatre califes vont transformer le discours religieux en un discours idéologique (Marcotte, 2010 : 108). Ainsi, M. al-Jabri insiste-t-il sur le caractère politique et non religieux de leurs règnes.

M. al-Jabri avance que le modèle qui va prévaloir à la mort du prophète de l'islam est un système politique basé sur la relation prince/chef : ce modèle, qui est lié au rapport de force et usages de l'époque, va devenir dominant dans la raison politique arabe. Il contient trois lacunes : premièrement, il n'y a pas de modalité quant à la nomination du successeur à la mort du prophète. Deuxièmement, la durée du mandat du responsable politique n'a jamais été fixée. Troisièmement, les compétences du responsable politique n'ont pas été précisées. Ces trois lacunes auront comme conséquence la Grande Discorde. La question n'a donc jamais été tranchée et c'est la force militaire qui sera, au final, gagnante.

C'est le cas avec l'empire omeyyade qui, faute de légitimité – la même situation se retrouve à la période des quatre califes qui reposait sur la « consultation » et sur le « consensus » (*ijmā'*) – va mettre en avant l'idée d'une gouvernance d'« approbation divine » qui va se transformer en « volonté divine » sous l'empire Abbasside. Ainsi, la volonté du calife va devenir celle de Dieu ; son discours inspiré des idéologies des civilisations d'Orient va devenir « le volet "rationnel" de la pensée politique en islam », et le volet « pratique » va s'inspirer du passé et de la réalité pour légitimer son pouvoir politique imposé par la force (al-Jabri, 2007 : 14-15)[27].

M. al-Jabri conclut qu'étant donné que dans les deux textes scripturaires (Coran et *sunna*), il n'y a pas de textes juridiques précisant les principes de gouvernance, le mode de gouvernement doit être défini selon le contexte et l'époque dans laquelle on vit. De nos jours, le meilleur système de gouvernement est la démocratie moderne qui est, selon lui, non pas une spécificité occidentale, mais le « patrimoine commun à l'humanité tout entière » (al-Jabri, 2007 : 15).

---

27 L'un des principes de gouvernance deviendra « quiconque devient assez fort pour imposer sa loi doit être obéi ».

La démocratie comporte selon lui trois principes qui sont en quelque sorte une réponse aux trois lacunes de la raison politique arabe citées plus haut : déterminer les modalités d'élections, préciser la durée du mandat et fixer les compétences du chef de l'État. Le refus par certains courants religieux de ces trois principes ne trouve de fondement ni dans les textes scripturaires ni dans la raison.

2.2. Dégager les notions clés de la raison politique : le dogme, la tribu et le butin

Les changements que nous avons évoqués ci-dessus concernent la superstructure : pour M. al-Jabri, il faut également effectuer des changements au niveau de l'infrastructure. Trois notions constituent des clefs pour comprendre l'histoire politique arabe, mais aussi la réalité contemporaine des sociétés arabo-musulmanes.

D'après M. al-Jabri, les trois facteurs déterminants de la raison politique au sein de la civilisation arabo-musulmane sont le « dogme », la « tribu » et le « butin », des concepts inspirés à M. al-Jabri par l'historien Ibn Khaldūn. Ces trois concepts forment la structure de la raison politique et vont donner naissance à une réalité sociale. Il s'agira d'un extrémisme religieux (dogmatisme), d'une solidarité tribale et d'une économie rentière. Cependant, il faut noter que le butin et la tribu existent déjà à l'époque préislamique. Le nouveau facteur, avec l'avènement de l'islam, est l'apparition du dogme (al-Jabri, 2007 : 30-33). C'est d'ailleurs l'une des raisons pour laquelle M. al-Jabri parle de raison politique en islam.

Un renouvellement de ces trois déterminants de la raison politique arabe est nécessaire. D'après M. al-Jabri, une reconstruction de ces trois ordres doit se faire en critiquant non seulement les données historiques, mais aussi la réalité présente. Les penseurs contemporains doivent établir une critique du fonctionnement politique et économique de la société. En effet, selon M. al-Jabri, aujourd'hui

> la tribu est redevenue le moteur de la politique, la rente l'élément essentiel de l'économie, et le dogme le moyen de légitimer une situation de rente ou de justification d'actes terroristes (al-Jabri, 2007 : 34).

La réflexion doit mener au dépassement et à la transformation des trois facteurs déterminants de la raison arabe (le dogme, le butin et la tribu). La tribu doit être transformée en une organisation civile et politique. Il faut pour cela une distinction entre l'État, ses appareils et la société civile. Concernant le butin, il faut le remplacer en économie d'impôts, « transformer l'économie de rente en une économie de production ». Pour ce faire, il préconise l'instauration d'une sorte d'Union arabe. Quant au dogme, il prône l'évolution du dogme en une simple opinion. L'idée que le dogme ne devienne qu'une simple opinion est particulièrement intéressante pour la réflexion que nous menons dans ce travail. Le discours religieux n'a plus le monopole et devient dès lors une opinion parmi d'autres. Un discours également en concurrence avec de nombreux autres discours religieux et séculiers. Il est donc légitime que la rationalité critique le discours construit depuis les origines, notamment le dogme. La critique de la raison politique arabe est donc une critique de la pensée dogmatique, qui a transformé des opinions politiques et religieuses en dogmes. On voit ici que M. al-Jabri rejoint la pensée de M. Arkoun sur la nécessité de sortir de la raison dogmatique.

En effet, selon M. al-Jabri,

> la pensée dogmatique croyant détenir seule la vérité absolue doit céder la place à une pensée plus tolérante, acceptant la liberté de pensée et la différence, afin de se libérer du pouvoir du groupe fermé, que ce groupe soit religieux, politique ou ethnique.

Il ajoute que ce changement d'attitude

> est le seul moyen de se libérer de l'emprise de la raison sectaire et dogmatique, religieuse ou laïque afin de pouvoir participer d'un esprit critique libre et constructif (al-Jabri, 2007 : 17).

2.3. Rejeter la logique du fait accompli

Après l'analyse historique de la raison politique en islam, M. al-Jabri identifie une « logique du fait accompli » dans la raison politique arabo-musulmane. Selon notre penseur, cette politique de fait accompli doit être réfutée. D'ailleurs, son étude du patrimoine (*turāth*) va dans le sens, nous dit-il,

> de mettre à nu le caractère despotique en dévoilant les fondements idéologiques (sociologiques, théologiques et philosophiques) qui en déterminaient la pensée comme l'action (al-Jabri, 2007 : 311).

L'analyse historique permet de prendre conscience des racines et de l'origine de l'autoritarisme. Pour aller vers une démocratisation, il faut donc opérer une déconstruction de ce discours idéologique religieux.

Le silence coranique et le fait qu'il n'y ait pas de propos prophétique incontestable sur les règles de gouvernance vont permettre à M. al-Jabri de mettre en évidence un fondement séculier dans l'héritage arabo-musulman. Comme nous l'avons déjà souligné plus haut, les tractations des compagnons après la mort du prophète étaient des décisions politiques et non religieuses. C'est bien plus tard que ces pratiques seront sacralisées, dans une logique de fait accompli. Il faut dès lors désacraliser les décisions et pratiques des premiers compagnons, mais aussi les discours politico-religieux construits dans le but de légitimer l'autorité temporelle. La désacralisation concerne aussi la loi islamique, qui s'inscrit dans l'histoire ; elle n'est pas une législation fixe qui a été donnée dès le départ, mais elle a été construite tout au long de l'histoire.

Pour accéder à la démocratie, il faut d'une part trouver une solution au niveau de la superstructure, c'est-à-dire combler les trois lacunes définies plus haut et rejeter la logique du fait accompli ; d'autre part, au niveau de l'infrastructure, il faut opérer un dépassement historique des trois éléments (le butin, la tribu et le dogme) qui structurent la raison politique arabe. L'auteur les qualifie de résidus, car ils ne cessent de refaire surface.

Chapitre 6

Sortir du carcan dogmatique chez M. Arkoun

Quelles sont à présent les propositions de M. Arkoun au sujet d'un renouvellement de la pensée arabo-musulmane contemporaine ?

Si M. al-Jabri conteste la raison politique arabe, M. Arkoun va plus loin. Pour lui, depuis l'épisode du fait coranique jusqu'à aujourd'hui,

> on refuse de problématiser les cadres cognitifs dans lesquels s'exprime la foi musulmane, ou cette religiosité populaire qui continue de s'appeler la foi (Arkoun, Benzine, & Schlegel, 2012 : 214).

Même les chercheurs occidentaux refusent d'ébranler la foi des musulmans, par crainte sûrement des réactions, nous dit M. Arkoun. Et ce d'autant plus que la pensée réflexive musulmane contemporaine « ne produit pas de l'intérieur des savants critiques » (*ibid.*), mais uniquement des savants qui déploient leurs compétences dans un espace mental coranique qui n'a pas évolué alors que pour les catholiques et les protestants au XIXe siècle, il y a bien eu rupture.

Les concepts « transgresser », « déplacer » et « dépasser » se retrouvent dans les travaux de son maître (comme il l'appelle) Claude Cahen. Mais la transgression de Cl. Cahen lui semble insuffisante à cause de son marxisme. M. Foucault a pratiqué une transgression plus importante,

> grâce à une sorte de thématique historico-transcendantale qui renversait presque totalement les perspectives et transgressait les assurances de la raison historique elle-même (Arkoun, Benzine, & Schlegel, 2012 : 42-43).

Cela va permettre à M. Arkoun de subvertir la raison coranique en décryptant le discours coranique, c'est-à-dire de mettre en lumière le non visible de la raison coranique : son épistémê et ses présupposés structuraux.

1. UNE THÉORIE DE LA SORTIE DE LA RELIGION VERSION ISLAM

M. Arkoun tente de trouver des convergences avec le christianisme. Il émet l'hypothèse (qu'il qualifie de plausible) qu'il existe dans la tradition islamique, des thématiques en lien avec la notion de Salut. Par conséquent, il existe une histoire islamique du Salut, et c'est ce que nous analyserons ci-après.

1.1. Une quête mystique et philosophique du Salut

Une économie coranique du Salut

D'après les propos de l'islamologue franco-algérien, le discours coranique contient une économie du Salut dès lors qu'il construit un cadre auquel le croyant devra se soumettre pour bénéficier d'une vie terrestre heureuse et d'un Salut éternel dans l'au-delà. En d'autres termes, le corpus coranique renferme « le fondement divin intangible de toutes les normes éthico-juridiques et religieuses » (Arkoun, 2006 : 69). Par conséquent, l'économie coranique du Salut relève de la responsabilité de l'homme vis-à-vis de Dieu. Le corpus coranique renferme de ce fait un horizon d'espérance grâce à l'orientation éthico-spirituelle du comportement.

Notons que M. Arkoun parle d'économie générale du Salut dans le texte coranique. En effet, il remarque que l'idée de Salut dans le corpus n'est pas clairement définie, la notion de Salut (*najāt*) n'apparaissant qu'une seule fois dans le texte. Toutefois, ce dernier contient un vocabulaire fort proche de l'idée de Salut comme, par exemple, l'intervention salvatrice de Dieu (par le dérivé *njw*), le succès d'une conduite individuelle orientée vers le Bonheur-Salut (*fawz*). Il s'agit de termes qui ont plusieurs occurrences dans le corpus coranique, d'où l'intérêt, d'après notre auteur, de parler d'une économie générale du Salut.

La quête du Salut : une quête mystique et philosophique dans le contexte musulman

Après avoir montré l'existence d'une économie générale du Salut dans le corpus coranique, M. Arkoun montre qu'il existe aussi une quête du Salut dans et à travers l'histoire du fait islamique. En effet, cette quête dans l'histoire de l'islam n'est pas une simple idée, nous dit-il, mais une discipline du corps, de l'âme et de la conscience. Elle suppose, du côté de la discipline mystique, un regard sur sa vie intérieure dans la quête du Salut (sorte d'union avec Dieu) et chez les philosophes « l'idée d'examen de conscience » dans la quête du bonheur (Arkoun, 2006 : 67-69). D'ailleurs, une interaction féconde a lieu entre l'ascèse spirituelle et la pensée philosophique. Bref, un lien existe entre quête du bonheur et quête du Salut.

Le Bonheur des philosophes peut être défini comme la recherche du Salut par une ascèse intellectuelle. Selon M. Arkoun, la polémique concernant le rapport entre raison religieuse et raison philosophique, entre al-Ghazālī et Averroès, ne doit pas être réduite à un refus intransigeant d'admettre « les apports féconds de la connaissance philosophiques d'un côté et à l'harmonisation réussie de la philosophie et de la Loi religieuse de l'autre » (Arkoun, 2006 : 68). M. Arkoun affirme d'ailleurs que le logocentrisme d'Aristote et « la voie mythique » de Platon dans l'univers islamique ont permis « l'articulation religieuse du sens et la construction logique, démonstrative du vrai » (Arkoun, 2006 : 69). Contrairement à M. al-Jabri, M. Arkoun affirme que les deux penseurs ont un même regard de l'esprit sur les questions qui engagent le couple Bonheur/Salut dans le sens où Averroès, pour sa part, ne refuse pas l'espérance eschatologique présente dans le Coran, et où al-Ghazālī, de son côté, intègre dans sa réflexion des données philosophiques comme la logique. Cependant, M. Arkoun inscrit ces deux personnages dans la posture médiévale. Il s'agit d'une raison qui a certes une certaine autonomie par rapport à d'autres courants de l'époque, mais qui reste néanmoins encore enfermée dans l'espace circonscrit par le donné révélé, cet espace mental médiéval qui a été dépassé en Europe grâce à la Renaissance et à la réforme, mais qui est toujours d'actualité dans la pensée arabo-musulmane contemporaine.

Pour M. Arkoun, la voie mystique et l'ascèse intellectuelle du philosophe permettent une réalisation du Salut. Il s'agit de deux cheminements qui sont en conflit, mais également en relation. Dans les deux cas, c'est le Bonheur-Salut qui est recherché, le trait d'union servant à montrer la tension qui existe entre les deux quêtes dans la pensée médiévale. D'après M. Arkoun, la question du cheminement vers le Bonheur et le Salut sont deux problématiques profondément humanistes (Arkoun, 2006 : 71 et suivantes).

Le grand axe prophétique du Salut

M. Arkoun défend aussi l'idée d'un « grand axe prophétique du Salut », ce qui inclut l'islam dans la continuité des annonces prophétiques de Salut. Il refuse d'ailleurs d'utiliser la catégorie judéo-chrétienne, car celle-ci à deux inconvénients : elle a non seulement été forgée historiquement mais, en plus, elle exclut la troisième religion monothéiste : l'islam (Arkoun, 2006 : 176). Il préfère la notion d'espace gréco-sémitique, qui permet de relier l'islam aux autres religions monothéistes et de mettre finalement en exergue le socle commun. Par conséquent, l'univers islamique ne doit pas être étudié comme un domaine particulier ; il doit être intégré dans les études gréco-sémitiques.

Ce nouveau positionnement des religions monothéistes au sein d'un socle anthropologique commun permet la réintégration de la pensée islamique classique dans un espace mental médiéval. La pensée ne s'exprime pas uniquement en latin, mais aussi en arabe, ce qui donne l'opportunité aux chercheurs en anthropologie religieuse de mettre fin à l'exclusion de l'islam pour enfin l'intégrer dans la problématique des « gens du Livre » (Arkoun, 1989 : 26). Selon M. Arkoun, il y a un lien épistémique dans la pensée réflexive religieuse au Moyen Âge (Arkoun, 2006 : 245). Dès lors, une étude du fait religieux et de la pensée philosophique de cette époque, dans l'ensemble du bassin méditerranéen, est possible.

L'avantage de cette démarche est d'ouvrir une perspective humaniste de la pensée et de la culture au lieu d'invoquer des vérités exclusives qui ostracisent l'autre. Cependant, le christianisme – contrairement à l'islam – a pu bénéficier d'un statut privilégié grâce « à la continuité historique d'une tension éducative entre la ligne philosophique partant de la Grèce présocratique et classique » et *le grand axe prophétique de l'annonce du Salut* (Arkoun, 2006 : 60). Nous l'avons déjà noté plus haut : cette tension éducative a existé. Selon M. Arkoun, le repère chronologique qui marque la fin de cette dernière est la réponse d'Averroès à al-Ghazālī.

1.2. Un doute : une sortie du religieux est-elle possible dans le contexte actuel ?

M. Arkoun vise, d'une part, à réformer le dogme dans lequel est enfermé le penseur musulman, mais également à en sortir au sens où Marcel Gauchet[28] l'entend. Il préconise une sortie du religieux – ou encore un islam non religieux – d'autant plus que, d'après notre islamologue, cette sortie est historiquement inévitable (Arkoun, 2006 : 158). Tourner la page du fait religieux est, d'après lui, un scénario plausible, car existent non seulement la crise généralisée des valeurs et des codes culturels par la mondialisation, mais également l'avènement d'une nouvelle ère où l'usage de la raison devient inévitable, et cela même pour le fait religieux. En effet, la question de la mondialisation ne rend-elle pas dérisoire la question de la survie d'une religion à l'égard des autres ? Ce sont les questions que M. Arkoun pose et qui le poussent à parler d'une sortie du religieux version islam.

M. Arkoun nous présente une théorie de la sortie de la religion adaptée au contexte islamique. D'après lui, il faut tout d'abord commencer par une sortie des diverses enceintes dogmatiques, actuelles, mais également anciennes. Il refuse le constat de certains penseurs occidentaux qui affirment que le christianisme est intrinsèquement la seule religion qui favorise la sortie du religieux et donc la sécularisation. Ainsi, il réfute la thèse de M. Gauchet qui fait du christianisme l'unique religion de la sortie de la religion. Dès lors, l'islam ne disposant pas de cette disposition inhérente est dans l'impasse et cette religion ne peut espérer une adhésion aux valeurs de la modernité. C'est d'ailleurs un avis partagé par beaucoup d'intellectuels

---

28 En 1985, Marcel Gauchet écrit un important ouvrage *Le Désenchantement du Monde* où la religion, dans l'histoire de l'humanité, est présentée comme un phénomène historique ayant un début et une fin.

musulmans, de tendance traditionnelle ou réformiste, pour qui le monde musulman n'a pas à reproduire le parcours séculier de l'Europe chrétienne (Arkoun, 2006 : 166). Notons cependant que M. Arkoun est conscient des disparités liées aux différentes trajectoires historiques des deux religions.

Dans l'état actuel du monde musulman, M. Arkoun affirme qu'une telle sortie du religieux est vouée à l'échec pour des raisons liées aux facteurs socioculturels. En effet, la sortie institutionnelle de la religion a bénéficié de trois phénomènes historiques qui ont existé de manière parallèle en Europe. Il s'agit d'abord d'une suite de bouleversements scientifiques et culturels, ensuite de l'existence d'une bourgeoisie entreprenante et enfin de rébellions populaires bien maîtrisées. Ces trois facteurs n'ont jamais été réunis dans l'univers musulman, exception faite de la période humaniste des IXe et Xe siècles (Arkoun, 2006 : 169-170). Il faut oser, nous dit M. Arkoun, bousculer la sensibilité religieuse dans les sociétés musulmanes, de même que les gestionnaires du sacré. Mais M. Arkoun avance que le public n'est d'une part pas capable d'intégrer ces questions et, d'autre part, qu'il n'existe pas, dans le contexte actuel, d'autorités spirituelles capables de réaliser cette coupure épistémologique (Arkoun, 1973 : 309).

En somme, d'après M. Arkoun, un *après islam* est possible. C'est d'ailleurs là l'objectif qu'il poursuit. Il s'agit de construire un islam non religieux qui permette d'entrer non seulement dans une *autre* histoire du Salut, mais également dans un *autre* humanisme (Arkoun, 2006 : 60). Pour ce faire, les références religieuses doivent être abolies ; la seule référence valable est l'être humain lui-même, à savoir la raison.

1.3. Pour une modernité intellectuelle

M. Arkoun définit la modernité « par l'événement de la Révolution américaine et surtout française, et par des révolutions ultérieures en Occident » (Arkoun, Benzine, & Schlegel, 2012 : 206). Le monde musulman se trouve dans cet espace qui connaît la modernité. Pour M. Arkoun, la modernité est donc liée à des événements particuliers : ruptures politique et culturelle. La notion de modernité ne signifie pas seulement le temps récent chronologiquement, le contemporain (Arkoun, Benzine, & Schlegel,

2012 : 207). De plus, il n'y a pas d'acquisition d'une culture moderne par la majorité de la population, qui est « analphabète »[29].

M. Arkoun fait une distinction entre les modernités intellectuelle et matérielle. Il considère que la modernité matérielle est un acquis depuis plus d'un siècle alors que la modernité intellectuelle ne concerne qu'une minorité d'intellectuels formés dans une culture occidentale. Il définit la modernité comme un ensemble de ruptures culturelles, ce qui est le cas en Occident depuis la Renaissance. Le monde musulman n'y a quant à lui pas participé, même s'il y a eu quelques tentatives dans les années 1920-30. Mais la réaction des savants traditionnels fut virulente. Dans les années 1950, l'usage de la raison « arabe », puis islamique, se fera dans le sens d'une idéologie de combat contre le colonialisme et l'impérialisme européen (Arkoun, 1989a : 131). Cette pensée traditionnelle refuse les outils scientifiques modernes, car elle estime qu'ils proviennent d'une « pensée dominatrice et ne peuvent donc qu'accentuer l'aliénation de la raison islamique ». Ce qui provoque une ignorance des enjeux actuels de la rationalité, et la pensée dans les sociétés musulmanes n'a par conséquent aucune emprise sur sa propre réalité contemporaine.

M. Arkoun pose la question suivante :

> N'y a-t-il pas eu une raison monothéiste, au service exclusif de Dieu, capable de mutiler non seulement une culture entière, mais la mentalité de chacun de ceux qu'elle touche ? (Arkoun, Benzine, & Schlegel, 2012 : 27).

La raison ainsi transcendantalisée a comme conséquence le fait que le Maghreb se caractérise par un manque d'esprit qui empêche de créer une dynamique générale, contrairement au Nord-Ouest de la Méditerranée où la raison est tournée sur elle-même et sur le monde (*ibid.*). La seule issue pour avoir accès à la modernité est de déconstruire ce qui a été sacralisé et transcendantalisé par des siècles de répétition scolastique et de dévotion collective. Pour ce faire, il faut une approche de la tradition islamique, c'est-à-dire le *muṣḥaf* et le *ḥadīth*, avec les

---

29 Il est important de signaler qu'à plusieurs reprises dans ses écrits, M. Arkoun refuse de parler d'analphabétisme; il y préfère la notion de culture orale.

outils scientifiques modernes et la critique historique, en ayant écarté tout préalable théologique (Arkoun, 1989b : 77).

2. LIBÉRER LA PENSÉE ET GÉRER LA LAÏCITÉ DANS LES SOCIÉTÉS MUSULMANES CONTEMPORAINES

2.1. Les conditions et les moyens d'une libération de la pensée islamique

M. Arkoun met en évidence trois conditions préalables à toute libération de la pensée et sa réinsertion dans une pensée ouverte sans barrière dogmatique, et ce dès 1984. En vue d'une libération intellectuelle des sociétés musulmanes, la pensée islamique doit également disposer de moyens. Dans cette section, nous en expliciterons trois ainsi que les conditions de cette libération, selon M. Arkoun.

Une libération intellectuelle dans le contexte islamique nécessite dans un premier temps de briser la corrélation Orient-Occident, soit, en d'autres termes, de renoncer de part et d'autre à la pensée essentialiste et substantialiste. L'auteur dénonce non seulement la posture actuelle à l'égard de l'islam en Occident – qui consiste « à prendre acte de la distance de mentalité et de l'inutilité de tout effort pour la réduire » (Arkoun, 1973 : 306) – mais également, dans le contexte arabo-musulman, cette idéologie de combat qui vise à récupérer une identité brimée par l'Occident. La coupure épistémologique est profonde car, d'un côté, nous sommes dans une société postindustrielle et, de l'autre, dans une société encore archaïque à certains égards. Mais en vérité, il s'agit de deux univers fort similaires. Pour un rapprochement, il faut contribuer « à l'écroulement de l'Empire idéologique » à l'intérieur du monde arabo-musulman (Arkoun, 1973 : 308).

Dans un deuxième temps, il faut une étude rigoureuse et scientifique des différents niveaux de la tradition islamique. Le texte coranique doit faire l'objet d'un réexamen fondamental à l'instar des textes fondateurs des deux autres monothéismes. Mais pas seulement. En plus de cette relecture qui doit être une lecture plurielle, il faut également réexaminer « la totalité des situations et des réalisations historiques se rattachant à la Parole fondatrice » (Arkoun, 1973 : 310).

Enfin, il faut également admettre la dialectique entre développement économique et développement culturel afin de mieux la maîtriser. En effet, ils se conditionnent mutuellement ; les sociétés arabo-musulmanes cumulent retard et misère de telle sorte qu'il est difficile de rattraper la modernité occidentale et l'islam apparaît comme un réconfort pour toute cette population à la traîne. Les partenaires occidentaux doivent prendre conscience de cet aspect important des choses (Arkoun, 1973 : 305).

Quant aux moyens qui permettront la libération de la pensée islamique, il s'agit tout d'abord de mettre en place une stratégie de développement. Ensuite, M. Arkoun met évidence la nécessité de reconnaître la primauté de la recherche (aussi bien en sciences exactes qu'en sciences humaines). Enfin, il faut également une politique d'information visant à diffuser le plus largement possible les résultats de la recherche scientifique à travers les différents moyens d'information et l'enseignement. L'idée véhiculée à l'aide de ces trois moyens pour une libération de la pensée représente une stratégie de développement globale. Notons toutefois qu'il est plus aisé d'offrir à un peuple un équipement économique qu'intellectuel, affirme M. Arkoun. C'est pourquoi, une pensée libre doit être diffusée non seulement par le biais des divers canaux de communication, mais surtout par l'éducation scolaire. En résumé, l'intellectuel ne doit pas être réduit à la solitude.

2.2. De la réforme à la subversion intellectuelle et spirituelle

M. Arkoun recommande une subversion intellectuelle et spirituelle : le travail de subversion doit porter sur l'ensemble du corpus de croyance (Arkoun, 2006 : 167). Par conséquent, la réforme religieuse entamée par des clercs réformistes dans le but de réactiver un islam authentique doit être rejetée. À un islam réformiste s'étendant du milieu du XVIIIe siècle au milieu du XIXe siècle succède, au milieu du XXe siècle, un islam populiste (Arkoun, 2006 : 33). Aujourd'hui, la pensée islamique est confisquée par l'islam politique ritualisé qui envahit tous les domaines de la vie sociale. Ce renforcement du mécanisme rituel, visant à mieux contrôler les esprits, a vu le jour dans les années 1970 (Arkoun, 2006 : 147). Il se limite à produire des avis juridiques de jurisconsulte, sans véritable savoir théologique (Arkoun, 2006 : 20). De plus, il règne – même parmi les intellectuels éclairés – un esprit d'autocensure alors que la pensée subversive doit pratiquer une ascèse intellectuelle, c'est-à-dire n'avoir aucune entrave. Il est également important de noter que dans les sociétés touchées par le fait islamique, on assiste à la mise en place d'une ignorance institutionnalisée, d'où l'urgence de la déconstruction de l'héritage du patrimoine musulman.

La notion de subversion doit être comprise dans le sens d'une réactivation « du geste des philosophes des Lumières au XVIIIe siècle », que M. Arkoun compare à celui des prophètes, car ils ont en commun d'offrir à l'homme des voies pour le déploiement existentiel. En effet, selon lui, les différents discours prophétiques sont « structurellement et symboliquement subversifs » (Arkoun, 2006 : 162). La réaction violente des sociétés musulmanes lorsqu'on parle de la subversion du texte coranique s'explique par le fait qu'elles sont dans « une conjoncture historique où elles doivent faire face à de graves crises internes et externes » (Arkoun, 2006 : 134), contrairement aux sociétés chrétiennes occidentales. L'attitude des sociétés européennes envers le religieux et les changements théologiques introduits par Vatican II sont liés, d'une part, au combat des philosophes contre la pensée dogmatique et la révolution scientifique menée depuis le XVIIIe siècle et, d'autre part, par les horreurs du nazisme (Arkoun, 2006 : 31). En revanche, dans le monde musulman, l'ethos religieux mobilise encore la masse. Le dogmatisme religieux est donc toujours présent dans les sociétés musulmanes contemporaines. Le phénomène de la révélation (comme nous l'avons vu plus haut) n'est pas un domaine réservé au seul théologien musulman, mais concerne l'ensemble des disciplines en sciences humaines.

Ce qui doit être étudié dans l'histoire de la pensée islamique, ce sont les discontinuités et les oublis, les impensables et l'impensé, et non un islam issu de plusieurs siècles de reproduction scolastique. Les textes seconds s'expriment – à l'instar du corpus coranique – sur le registre de la vérité, ce qui enferme l'esprit dans l'espace d'un pensable autorisé (Arkoun, 2006 : 132), créant la confusion entre texte premier et texte second. Un travail de subversion est nécessaire, aussi bien au niveau des textes dérivés du discours coranique qu'au niveau du texte coranique. Mais il s'agira aussi de penser les impensés et les impensables accumulés depuis des siècles, et ce d'autant plus que, selon M. Arkoun, depuis les cinquante dernières années, l'islam est réduit à trois fonctions : une religion refuge pour les exclus et marginaux, une religion *repaire* pour les opposants politiques et une religion tremplin pour les arrivistes (ou carriéristes) et manipulateurs d'opinion, qui font appel à un passé fantasmé pour arriver à leurs fins. (Arkoun, 2006 : 73). Le problème de la raison religieuse (contrairement à la raison moderne) est qu'en temps de crise, elle réactive le retour à la source.

En résumé, d'après M. Arkoun, la raison moderne doit subvertir tous les discours accumulés depuis plusieurs siècles. Trois opérations sont à effectuer, et ce dans un ordre chronologique :

- transgresser les limites du dogme et déplacer avec l'aide de la critique intellectuelle moderne l'ensemble du patrimoine musulman vers les nouveaux espaces d'intelligibilité ;
- procéder à une critique systématique du noyau de la civilisation qu'est le Coran ;
- dépasser les évidences accumulées depuis des siècles par la raison religieuse dont les fondements ont été ébranlés par la raison critique moderne.

Quel sens donner à la libération de la pensée islamique ? Il ne s'agit pas

> d'une démolition brutale, mais d'une entrée méthodique dans les processus discursifs et culturels de la littérature de référence dont se servent encore les gestionnaires de la croyance (Arkoun, 2006 : 19).

Il s'agit de mettre en place une pensée de dépassement grâce à une approche critique « radicale » et pluridisciplinaire (Arkoun, 2006 : 245). Pour cela, il est indispensable de recourir aux « deux couples interactifs du concept "pensable/impensable et pensé/impensé" » (Arkoun, 2006 : 265) d'autant plus que, comme nous l'avons vu plus haut, la pensée islamique a tracé les limites du pensable autorisé. Cependant, nous avons aussi signalé dans les sections précédentes l'existence de tensions dans la pensée musulmane entre le pensable et l'impensable, à tel point que l'espace du pensable a été relégué derrière une barrière symbolique difficile à franchir. Cela donnera naissance à une pensée filtrée provoquant l'accumulation des impensés et des impensables. D'ailleurs, s'il fait une distinction entre fait coranique et fait islamique, M. Arkoun précise qu'aujourd'hui, le retour se fait davantage en direction du fait islamique (Arkoun, 2006 : 268). Même si le fait coranique demeure toujours un horizon de sens, d'espérance et de référence pour les croyants, le moyen de parvenir à cet horizon est constamment phagocyté par le recours à la Tradition qui est, selon lui, une construction humaine.

2.3. La laïcité, un défi majeur dans les sociétés musulmanes

Le problème de la modernité des sociétés arabo-musulmanes concerne aussi la question de la séparation du politique et du religieux. Le discours coranique contient des normes juridiques, éthiques, politiques qui vont s'opposer aux systèmes politiques, éthiques, juridiques modernes. Donc, par exemple, les règles normatives dans le discours coranique vont à l'encontre du droit positif. L'adoption de la laïcité permet de rompre « avec l'idée et la réalité de Dieu remplissant des fonctions de gestion politique, juridique, éthique, psychologique, culturelle » (Arkoun, Benzine, & Schlegel, 2012 : 100). Étant donné l'impossibilité aujourd'hui d'imbriquer le religieux et le politique pour légitimer l'autorité politique, la seule issue du rapport entre le politique et le religieux dans les sociétés musulmanes consiste, selon M. Arkoun, à suivre l'exemple français, c'est-à-dire la séparation de l'Église et de l'État. À l'exception de la Turquie, le monde musulman n'a aucune expérience en ce domaine (Arkoun, Benzine, & Schlegel, 2012 : 174-177). Cependant, nous dit M. Arkoun, l'un des apports de la colonisation est de confronter les sociétés musulmanes aux idées de laïcité et de démocratie ; l'Algérie en a notamment bénéficié pendant plus d'un siècle, « même si elles [laïcité/démocratie] n'étaient pas là comme il faut... » (Arkoun, Benzine, & Schlegel, 2012 : 177). Les Algériens ont choisi un régime nationaliste et socialiste après l'indépendance.

On peut noter que M. Arkoun regrette que l'Algérie n'ait pas gardé les acquis positifs de la Révolution française et de l'Histoire de France, après l'indépendance. Il est déçu par les orientations que le nouveau gouvernement va donner à l'Algérie après l'indépendance. Ce qui le choque dans les discours après l'indépendance est le nationalisme arabe, qui exclut les Kabyles et entraîne un certain communautarisme et la référence à une religion. Selon M. Arkoun, ces deux facteurs ne permettent pas une citoyenneté commune à tous les habitants (Arkoun, Benzine, & Schlegel, 2012 : 37)[30].

Après la mort du prophète de l'islam, la vacance de pouvoir entraîne un modèle qui va devenir par la suite « une réponse de fait qui permit le développement d'un État califal légitimé *a posteriori* par un islam officiel » (Arkoun, 1975 : 33), mais aussi d'autres réponses théoriques par les autres courants minoritaires comme les Chiites et les Kharidjites. M. Arkoun qualifie les différents courants de l'époque omeyyade comme « des mouvements sociopolitiques » en recherche de doctrine comme des partis politiques. D'ailleurs, d'après M. Arkoun, leurs discours sont de type « éthico-religieux », ambivalent et non discursif ; ces discours sont diversifiés et évoluent dans un sens plutôt spéculatif.

Pourtant, un moment historique important dans l'histoire de la pensée musulmane montre non seulement une répartition possible entre pouvoir et savoir, mais également un refus d'asservissement du savoir au pouvoir. Ainsi, lorsqu'al-Maʾmūn, usant de sa position d'autorité politique, instaure la théologie muʿtazilite comme doctrine officielle, il rencontre une opposition, et l'opposant le plus célèbre fut Ibn Ḥanbal (m. 855). M. Arkoun met en avant que ce dernier va non seulement s'opposer au calife, mais également exprimer une sorte

> d'affirmation de la séparation entre les instances spirituelles et politiques : cette dernière ne doit pas intervenir dans les affaires religieuses et théologiques (Arkoun, Benzine, & Schlegel, 2012 : 145)[31].

---

30 D'ailleurs, c'est dans le contexte de la décolonisation qu'il nous dit qu'il a pris conscience d'une nécessaire critique de la « raison islamique ».

31 Le fait que M. Arkoun, un rationaliste moderne, invoque Ibn Hanbal en intellectuel contestataire suscite la curiosité de nombreux chercheurs. M. al-Jabri a fait de même dans son livre *Les intellectuels dans la civilisation arabe* (*al-Muthaqqafūn fī al-ḥaḍāra al-ʿarabiyya),* paru en 1995. M. al-Jabri y traite de deux intellectuels musulmans contestataires : Ibn Ḥanbal et Ibn Rushd (Averroès).

Il ne s'agit pas d'une laïcité au sens moderne du terme, mais plutôt de la question de la gestion des rapports entre les sphères politique et religieuse. Dans une formule qui deviendra célèbre, Ibn Ḥanbal exprime l'idée que le fidèle n'a pas à obéir à l'autorité politique lorsqu'il risque de désobéir à Dieu (Arkoun, Benzine, & Schlegel, 2012 : 145). Même si M. Arkoun réfute les autres positions d'Ibn Ḥanbal, il admire le geste de protestation que celui-ci pose, « il a fait preuve d'un véritable esprit critique quand il a mis en question l'étatisation du religieux » (Arkoun, Benzine, & Schlegel, 2012 : 146).

En réalité, la véritable institution étatique politique s'installe à Damas avec la dynastie omeyyade. Le pouvoir politique se sert du capital symbolique présent dans le Coran pour construire et imposer une doctrine qui devient non seulement officielle, mais aussi orthodoxe, car les savants autorisés par le pouvoir politique « accréditent l'idée qu'il est possible de lire correctement la parole de Dieu » (Arkoun, 1989a : 40). L'effort intellectuel (*ijtihād*) (Arkoun, 1970 : 10 et suivantes) sera orienté de façon à sacraliser et transcendantaliser le corpus juridique une fois établi pour légitimer la fonction du calife et les institutions étatiques mises en place (Arkoun, 1989a : 41).

Le rapport entre le politique et le religieux existe dès le début de l'énonciation du Coran, même si, selon M. Arkoun, il ne faut pas faire d'anachronisme, car il n'y a pas d'État durant les vingt-trois années de déploiement du « discours prophétique coranique » (Arkoun, Benzine, & Schlegel, 2012 : 170). Néanmoins, le rapport existe car, d'une part, le discours coranique est en compétition avec d'autres discours et, donc, même le rituel et le spirituel ont un aspect politique. D'autre part, le prophète de l'islam s'exprime dans un espace social, c'est-à-dire devant un ensemble d'humains qui vont tenter d'organiser leur vie en commun, ce qui renvoie au politique (Arkoun, Benzine, & Schlegel, 2012 : 169). Pour M. Arkoun, le prophète – comme les autres prophètes bibliques – a « fondé un ordre politique nouveau pour l'Arabie en l'articulant à la symbolique religieuse de l'alliance » (Arkoun, 1989a : 36). Dans les trois monothéismes, la symbolique se transforme en code juridique, rites, doctrine et idéologie de domination (Arkoun, 1989a : 38). Selon M. Arkoun, le Coran ne fait que prolonger le rôle joué par Dieu dans les monothéismes antérieurs ; il s'insère dans la tradition qui construit Dieu comme unique (Arkoun, Benzine, & Schlegel, 2012 : 99).

Comme le discours biblique, le discours coranique contient des normes qui vont réguler la société profane (Arkoun, Benzine, & Schlegel, 2012 : 100). Après la mort du prophète de l'islam, pour désigner son successeur, il y aura une sorte d'étatisation du religieux, nous dit M. Arkoun. De plus, la gestion politique après la mort du prophète est liée, selon lui, « à une longue tradition tribale ou clanique » (Arkoun, Benzine, & Schlegel, 2012 : 170). Les rivalités entre les différentes tribus sont essentielles pour comprendre l'ordre social, politique et symbolique de la cité musulmane. D'où la nécessité de mettre en évidence l'instrumentalisation du religieux par le politique (car le problème est d'ordre politique et non religieux). Une part du travail de déconstruction consiste à analyser la notion de violence qui, selon M. Arkoun, est liée à « l'impératif de survie », ainsi que son impact au niveau non seulement politique, mais aussi lors de la formation de cette jeune communauté (Arkoun, Benzine, & Schlegel, 2012 : 95).

L'épisode islamique, moment historique, est donc bien, d'après les propos de M. Arkoun, un moment « de subversion politique, de subversion de langage et de la source de légitimation » (Arkoun, Benzine, & Schlegel, 2012 : 102)[32]. Avec l'expansion de l'islam, le modèle que le discours coranique va mettre en place sera exporté dans les sociétés conquises. Donc, selon M. Arkoun, « les institutions du désert vont continuer à vivre ». L'islam a donné naissance à une « nouvelle construction des modes de production de la société » (Arkoun, Benzine, & Schlegel, 2012 : 102-103).

En résumé, il y a une sorte de dégradation après la mort du prophète de l'islam, qui va aller en s'accentuant. La dégradation durant les deux siècles qui suivent sa mort est liée à l'histoire puisqu'il faut créer un pouvoir centralisé pour le vaste empire après l'expansion de l'islam.

---

[32] Notons que le discours coranique crée un système sémantique, un système de signification de mots qui est réutilisé dans le discours prophétique.

Partie 4

D'autres éléments de comparaison, notamment en termes de production et de réception des deux auteurs

Dans les parties précédentes, nous avons présenté le rapport qu'entretiennent M. al-Jabri et M. Arkoun au patrimoine pour ensuite aborder les périodes de la civilisation arabo-musulmane qu'ils considèrent chacun comme étant à leur apogée. M. al-Jabri met l'accent sur la part rationaliste de l'héritage arabo-musulman alors que M. Arkoun préfère mettre en évidence la période humaniste. Le premier situe la période rationaliste en Andalousie, le second situe la période humaniste à l'époque Būyide en Iraq et en Iran.

Dans la troisième partie, nous avons examiné les propositions de ces deux intellectuels pour une modernisation et une démocratisation des sociétés arabo-musulmanes. Dans les pages qui vont suivre, il s'agit non seulement de mettre en exergue le contexte dans lequel se déploient leurs pensées, mais également leurs points d'accord et de désaccord. Nous terminerons avec l'impact que produisent leurs pensées sur le public musulman.

Leurs propositions au sujet des conditions d'accès à la modernité dépendent du contexte de déploiement de leur pensée. Les causes de l'impasse dans laquelle se trouve la pensée arabo-musulmane diffèrent d'un auteur à l'autre. Le premier estime qu'il y a un déclin de la pensée arabe tandis que le second considère que la pensée islamique se retrouve enfermée dans un carcan dogmatique. D'après M. al-Jabri, deux facteurs sont responsables du déclin de cette pensée : il y a tout d'abord la raison analogique et ensuite la raison démissionnaire. C'est la pénétration de l'hermétisme oriental dans la pensée arabo-musulmane qui l'a menée à cet irrationalisme. L'avenir des sociétés arabo-musulmanes doit être construit à partir de leur propre histoire spécifique et de la personnalité arabe. Par contre, pour M. Arkoun, la construction ne peut être qu'humaine et doit s'affranchir et du dogme et de la religion. En effet, l'auteur espère l'avènement d'un humanisme débarrassé de tout *a priori* théologique et d'un islam non religieux. Les propositions qu'il fait, pour sortir de l'impasse dans laquelle se trouve la pensée arabo-musulmane, ne sont pas le fruit du hasard. Elles sont liées au contexte dans lequel se déploie la pensée, mais aussi au vécu et à l'expérience personnelle. Il nous semble que les individus et les communautés musulmanes ne peuvent pas être libres de toute attache culturelle ou sociétale, seulement parce qu'elles le désirent. Il y a un rapport de force, des héritages et des conditions historiques qui jouent énormément dans la définition d'une société musulmane aujourd'hui.

1. LES DIFFÉRENCES FONDAMENTALES ENTRE LES DEUX INTELLECTUELS MAGHRÉBINS

Les points de convergence entre les deux intellectuels maghrébins

Les deux intellectuels partagent l'idée d'une lecture critique du patrimoine. En effet, les deux auteurs procèdent à une analyse critique et à une relecture du passé dans le but d'adhérer à la modernité. Il y a également une désacralisation des décisions et des interprétations des quatre premiers califes qui ne peuvent pas être éternelles et immuables, à savoir que leur modèle de gouvernance est une construction humaine et, par conséquent, n'a pas à être sacralisé. Les deux auteurs mettent également en évidence la sacralisation des positions prises par certains savants au cours de l'histoire. Celles-ci étant liées au contexte, elles ne doivent pas servir de références théologiques. Ces positions doivent être désacralisées, car il s'agit de positions d'hommes à un moment donné de l'histoire.

Un autre point commun entre les deux penseurs est la modernisation et la démocratisation des sociétés arabo-musulmanes. Leur philosophie politique converge sur l'idée de démocratie, les auteurs étant d'accord sur l'idée que la politique doit être une pratique autonome. De plus, ils avancent l'idée que des liens étroits entre politique et islam se tissent de manière progressive en raison des contingences historiques ainsi que de l'imbrication du politique et du religieux. Cela démontre, d'après eux, que ce mélange de genre n'est pas inscrit dans les fondements de l'islam et que, par conséquent, il n'y a pas d'obligation religieuse. Quant à l'application concrète de la démocratie, ils n'ont pas la même approche : M. al-Jabri affirme qu'il ne s'agit pas d'une notion proprement occidentale alors que, de son côté, M. Arkoun prône l'application du modèle français.

Un dernier point qui les rapproche concerne le fait qu'ils ne prennent pas en compte les aspirations des gens à une spiritualité. M. al-Jabri rejette l'ésotérisme et M. Arkoun adopte des attitudes critiques à l'égard du mysticisme qui se vit au sein des confréries. Concernant M. al-Jabri, nous avons pu constater qu'il considère que la spiritualité fait partie de l'irrationnel et est responsable du déclin de la pensée arabe. Quant à M. Arkoun, dans la critique de la raison islamique, il met en avant qu'il faut aussi inclure l'islam des confréries. Il fait cependant une distinction entre le soufisme, qui peut être une expérience personnelle, et l'expérience spirituelle des confréries dirigées par des marabouts qui reproduisent des connaissances apprises par cœur dans des manuels. Dès lors qu'il s'agit seulement d'une récitation, cela implique pour M. Arkoun un moment sans aucune réflexion (Arkoun, Benzine, & Schlegel, 2012 : 119). Mais la spiritualité, même individuelle, fait appel à la méditation et à la récitation du texte sacré, moment où la réflexion n'a, en principe, pas lieu d'être.

Les divergences entre les deux penseurs

Les deux auteurs ont en commun d'être berbérophones. Néanmoins, contrairement à M. Arkoun, M. al-Jabri ne semble pas s'intéresser à la question linguistique, qui a pourtant affecté M. Arkoun : à plusieurs endroits de ses écrits, il indique qu'il a souffert de l'imposition de la langue arabe en Algérie.

Donc, un premier point de divergence est l'arabisme actif de M. al-Jabri, qui contraste avec l'indignation de M. Arkoun envers les usages du nationalisme arabe dans les pays maghrébins après l'indépendance. L'arabisme du premier s'exprime sur deux plans : d'abord dans sa vision unitaire des pays de langue arabe (notamment maghrébins) ; ensuite, par sa revendication de l'authenticité de la culture arabe, la langue représentant pour lui le véhicule d'une culture (Labdaoui, 1993 : 151). On peut ainsi constater que ce n'est pas l'unité islamique qui intéresse M. al-Jabri, mais plutôt l'unité arabe. Il fait également partie de l'élite qui a arabisé l'enseignement de la philosophie au Maroc, ce qui va à l'encontre de la posture de M. Arkoun concernant l'arabisation dans le Maghreb. En plus de son arabisme actif, M. al-Jabri est aussi un intellectuel qui écrit principalement en arabe. M. Arkoun écrit quant à lui essentiellement en français, mais fait traduire ses écrits en arabe, notamment par Hachim Salih[33]. Par ailleurs, il considère que penser en français facilite la réflexion critique à l'égard du patrimoine musulman, ce qui ne serait pas le cas lorsqu'on pense en langue arabe, car celle-ci n'a pas bénéficié des progrès et outils conceptuels des sciences humaines (Labdaoui, 1993 : 127). Dès lors, nous pouvons avancer que la démarche de M. Arkoun se situe en dehors du patrimoine tandis que M. al-Jabri estime que le travail critique doit au contraire s'en inspirer ; selon lui, toute étude décentrée ne peut avoir un impact sur l'opinion publique. Selon le philosophe marocain, il est difficile de penser avec des outils construits dans une réalité et un univers culturel différents de celle du monde arabe. On ne peut penser les problématiques de sa propre culture que de l'intérieur. La compréhension du fait arabe ne peut être réalisée que de l'intérieur alors que, pour M. Arkoun, les langues européennes se prêtent mieux à l'étude critique du fait religieux.

Une deuxième différence porte sur leurs attitudes à l'égard de l'orientalisme. La position de M. al-Jabri est beaucoup plus distante envers l'orientalisme que celle de M. Arkoun. Le philosophe marocain se dit d'ailleurs « exempt de toute influence orientaliste » et ajoute qu'il ne peut affirmer « avoir pour maître un ou des orientalistes » (Labdaoui, 1993 : 155). En revanche, M. Arkoun les cite fréquemment dans ses travaux. On peut aussi le constater lorsqu'on analyse leurs bibliographies respectives.

L'attitude de M. al-Jabri peut se justifier par sa volonté de montrer qu'il y a d'autres modèles de développement et de progrès que le modèle occidental. Il démontre ainsi qu'il souhaite une modernisation différenciée. Cependant, son but n'est pas atteint ; de fait, on constate dans ses écrits qu'il ne renvoie pas uniquement à des sources issues du patrimoine arabo-musulman : il se voit obligé de se référer au savoir occidental. Il renvoie, par exemple, à des intellectuels européens et même à des orientalistes, comme le démontre sa bibliographie, et ce même

[33] Il s'agit d'un écrivain et traducteur syrien qui a étudié à la Sorbonne et vit à Paris.

s'il cite moins souvent les auteurs occidentaux que M. Arkoun. Le fait de renvoyer à des concepts issus des sciences sociales comme champ, habitus, rupture épistémologique, etc. démontre non seulement que la démarche de M. al-Jabri n'est pas exclusivement endogène, mais atteste également qu'il a étudié les sciences humaines telles qu'elles sont enseignées dans les pays européens. Sur ce sujet, M. al-Jabri distingue ce qui est universel et appartient à l'humanité entière – comme les avancées scientifiques ou la démocratie – de ce qui est spécifique à un groupe culturel particulier.

Un autre point sur lequel la pensée de M. al-Jabri et M. Arkoun se distingue concerne leurs positions à l'égard de l'Occident. Au préalable, nous nous devons de signaler que nous sommes en présence de deux auteurs postcoloniaux. M. Arkoun pense que le retard est essentiellement dû à des facteurs internes et liés à la pensée mythique et regrette, comme nous l'avons vu plus haut, que les sociétés arabo-musulmanes n'aient pas profité de l'apport de la colonisation. M. al-Jabri dénonce au contraire l'impérialisme occidental et lui attribue une part de responsabilité (égale aux responsabilités endogènes, c'est-à-dire la relation au patrimoine des sociétés arabo-musulmanes et la nécessité de restructurer la raison arabe) dans l'état actuel du monde arabe. Lorsqu'il impute la responsabilité de la décadence à des facteurs endogènes, il recourt à une « logique génétique », et lorsqu'il remet en cause la domination occidentale, il fait appel à une logique de situation (Labdaoui, 1993 : 173). Ainsi, pour M. al-Jabri, il s'agit de la concomitance de facteurs internes, mais également externes tels que l'ingérence et l'impérialisme occidental, qui sont les facteurs du déclin de la pensée arabe.

Un quatrième point de divergence dans leur pensée respective est lié à la question de la séparation de l'Église et de l'État. M. al-Jabri explique que cette séparation n'a pas lieu d'être dans le contexte islamique, car il n'y a pas d'Église (Filali-Ansary, 1998 : 164). Raison pour laquelle il rejette la notion de laïcité qu'il juge trop confuse et source de malentendu dans le monde arabo-musulman ; il préfère les concepts de rationalisme et de démocratie (Douari, 2000 : 80). Selon le philosophe marocain, le religieux doit rester inclus dans la gouvernance de l'État comme une référence éthique et sociale pour les sociétés majoritairement musulmanes. Néanmoins, le traitement des problèmes sociaux et politiques doit trouver sa source dans la raison humaine. La religion, tout comme certaines monarchies européennes, « règne, mais ne gouverne pas » (Filali-Ansary, 1998 : 164). D'après Abdou Filali Ansary, ce sont des propos proches de ceux défendus par 'Ali Abderraziq, le fameux shaykh égyptien qui a contesté, en 1925, l'existence d'un modèle islamique de gouvernance. A. Filali Ansary avance que M. al-Jabri procède à une sorte de rejet de la laïcité à la française et préconise plutôt une laïcité anglo-saxonne (Filali-Ansary, 1998 : 164 et suivantes). En revanche, comme nous l'avons déjà fait remarquer, M. Arkoun préconise le modèle français.

Une distinction essentielle concerne le rapport aux sources de M. al-Jabri et de M. Arkoun. Ce sont deux intellectuels séculiers. Cependant, la singularité de chacun des deux auteurs se situe au niveau du sort qu'ils réservent au religieux. M. al-Jabri prône un sécularisme plus modéré que celui de M. Arkoun. Ce dernier adopte une attitude plus radicale quant à la question de la sécularisation. En effet, dans sa démarche, il introduit l'historicité du corpus coranique considéré comme la vérité religieuse par la majorité des sociétés arabo-musulmanes. Les causes de la différence de leur position peuvent s'expliquer par le milieu dans lequel évoluent leur pensée et leur projet intellectuel.

La démarche prudente de M. al-Jabri s'explique aussi par son projet culturel : ce qui l'intéresse, ce n'est pas de procéder à une nouvelle lecture de l'islam, mais de mener les sociétés arabes à une réforme interne et à leur développement. En effet, la démarche de M. al-Jabri est culturelle ; il pense jouer un rôle dans le devenir de la collectivité en ayant un projet de reconstruction sociétale et culturelle arabe. Le but de M. al-Jabri est par conséquent de mobiliser un public aussi large que possible, raison pour laquelle il respecte le référent islamique. D'après A. Labdaoui (1993 : 267), même sa position vis-à-vis du religieux est utilitaire, dans le sens où il réalise une critique du patrimoine arabo-musulman sans toucher à son fondement. C'est d'ailleurs également un reproche que lui adresse M. Arkoun, comme nous le verrons dans le paragraphe suivant. Avec Roxane Marcotte, cela nous permet d'avancer que sa vision est sociale et dynamique, mais qu'elle veut aussi contrer les revendications idéologiques croissantes (Marcotte, 2010 : 122 et suivantes), notamment celles du discours islamiste qui a une certaine popularité sur fond de crise sociale et culturelle. Pourtant, M. al-Jabri tient des propos dans lesquels on peut mesurer son rapport critique à l'égard du religieux, notamment quand il explique « l'invention de Dieu par le Bédouin en fonction des conditions historiques et écologiques » (Labdaoui, 1993 : 151). Par conséquent, son rapport aux sources est lié à son contexte, à sa volonté d'élargir, mais aussi de ménager son public (que nous analyserons plus loin) : en effet, avoir une attitude désacralisante vis-à-vis du Coran est bien évidemment très mal perçu.

Notons que c'est l'un des reproches que fait M. Arkoun, non seulement vis-à-vis de l'ensemble des intellectuels modernisant, mais également à l'égard de M. al-Jabri. D'après l'islamologue franco-algérien, la lecture critique de l'ensemble des penseurs contemporains n'est pas suffisante, car elle consiste à contourner la clôture dogmatique. Pour M. Arkoun, les intellectuels critiques

> touchent aux questions traitées à l'intérieur de la clôture, mais sans aller jusqu'à inclure le noyau dogmatique de la foi, comme le statut cognitif de la Révélation, la structure mytho-historique du discours de la foi, le discours prophétique dans les limites de l'analyse linguistique, sémiotique, historique et anthropologique, la portée fondatrice des triangles anthropologiques comme violence, sacré, vérité ; langue, histoire, pensée ; révélation, histoire, vérité ; religion, société, politique, etc. (Arkoun, 2006 : 152).

C'est également une des critiques du politologue marocain et enseignant Mohammed Mouaqit à l'égard de M. al-Jabri. D'après lui, M. al-Jabri n'assume pas jusqu'au bout l'anthropologisation du fait religieux (Mouaqit, 1993 : 172). Contrairement à M. Arkoun, M. al-Jabri refuse de mettre en conflit les dimensions anthropologique et théologique. Ce refus s'explique-t-il uniquement, comme nous le dit M. Arkoun, par le fait que l'historicité du texte coranique n'est pas encore pensable dans le contexte islamique et que le poids du dogme est encore fort ? Il est clair que M. al-Jabri, en tant qu'intellectuel séculier, est au courant des avancées des sciences sociales en Occident et est conscient de cette problématique. En outre, d'après ses propos, le Coran n'est pas responsable du déclin de la pensée arabe. Cependant, nous avons déjà noté qu'il critique le primat du texte sur la raison (c'est-à-dire le rationnel religieux) qui s'étend à l'ensemble de la pensée arabe et qui doit être circonscrit aux savoirs religieux. M. al-Jabri reproche en effet à la pensée arabo-musulmane de mettre Dieu au centre de la relation de l'homme à la nature, notamment dans les sciences naturelles.

Il est évident que dans un contexte arabo-musulman, pousser la critique jusqu'à la déconstruction de ce qui est sacré peut être mal interprété par l'auditoire musulman. Aussi, il est actuellement difficile de mener les musulmans vers une désacralisation des fondements mêmes de la religion. Par ailleurs, la critique n'est à cet égard pas complètement libre. En effet, M. al-Jabri fait partie de ces intellectuels qui écrivent dans la marge d'une liberté autorisée. À l'époque où il publie ses écrits, la liberté d'expression et d'action est limitée au Maroc. Il ne bénéficie pas d'un champ intellectuel dynamique comme c'est le cas de M. Arkoun qui vit dans un contexte intellectuel particulièrement ouvert à ce genre de problématiques. Dans une société largement sécularisée, comme c'est le cas en France, le penseur arabo-musulman moderniste et libéral sent la nécessité de repenser l'essence même de la vérité religieuse, ce qui n'est pas le cas d'un penseur comme M. al-Jabri qui évolue dans un contexte où l'ethos religieux mobilise encore les populations et où la tradition religieuse constitue un code de sens qui s'impose à l'ensemble de la société.

M. al-Jabri soutient qu'il faut garder l'islam comme fondement éthique de la société sans toutefois en faire la base d'une société arabe moderne. Il distingue la connaissance profane du savoir théologique et refuse l'argument d'autorité dans le savoir profane. Notons que cela remet en question l'idée d'un islam englobant, qui trouve en son sein toutes les réponses aux interrogations et besoins de la société en tout temps et en tout lieu. Par contre, l'humanisme rationaliste de M. Arkoun refuse toute référence à un texte religieux. Il adopte une attitude de rupture plus radicale envers le texte, celle-ci étant dictée par sa démarche qui se situe dans le cadre des sciences sociales. Les deux auteurs n'ont pas la même conception de l'autonomie de la raison. Cependant, il est important de signaler la fidélité de M. Arkoun à l'égard du Livre archétypal. C'est d'ailleurs l'une des critiques que lui adresse Olivier Carré qui le compare à Sayyid Qutb car, comme Qutb, M. Arkoun situe le miracle coranique « dans son caractère hautement performatif, inaugurateur d'une singularité englobante » (Carré, 1985 : 287). O. Carré ajoute que M. Arkoun est ainsi fondamentaliste, comme l'est S. Qutb, dans la mesure où il est à la recherche du texte primordial.

Pour conclure, signalons une dernière différence entre les deux intellectuels. Alors que pour M. Arkoun, l'esprit médiéval ne peut être un fondement de la modernité, M. al-Jabri souhaite quant à lui renouer avec la pensée d'Averroès, laquelle peut servir de base à une vision moderne du monde dans le contexte arabo-musulman. À ce sujet, notons qu'Averroès revient souvent dans l'actualité culturelle arabe, comme par exemple chez le penseur marocain Jamaleddine al-'Alawi (m. 1992) qui, comme M. al-Jabri, a comme projet d'amener les sociétés arabo-musulmanes vers le progrès et s'intéresse de surcroît à la pensée d'Averroès, notamment à sa théorie de la démonstration (Mesbahi, 1996 : 216). L'un des éléments qui fait l'actualité d'Averroès tient au fait qu'il critique la théologie, mais pas la religion : l'averroïsme est ainsi une source de questionnement philosophique et théologique sur le rapport entre la raison et la foi (Raison et Révélation). Dans le contexte de la renaissance arabe, cela suscite un intérêt renouvelé surtout face aux questionnements de la modernité occidentale. Dans la démarche d'Averroès, la raison est indépendante du donné révélé, ce qui correspond aux exigences des sciences modernes. À l'instar d'Averroès, M. al-Jabri prône une autonomie complète de la raison. C'est d'ailleurs la voie proposée par notre philosophe marocain pour une intégration dans la modernité et plus particulièrement parmi les penseurs néo-averroïstes contemporains pour lesquels l'averroïsme est avant tout un rationalisme (Filali-Ansary, 1999 : 43)[34].

---

[34] Voir aussi VON KÜGELGEN A. (1994 ; 1996).

2. QUELQUES OBSERVATIONS POUR UN REGARD DISTANCIÉ SUR LEURS PENSÉES

M. M. al-Jabri

D'après M. al-Jabri, l'accès à la modernité exige notamment que la pensée contemporaine change sa structure intellectuelle, c'est-à-dire qu'il faut une reconstruction de la pensée sur des bases rationnelles se traduisant par la fin du primat du texte sur la raison, le rejet de l'irrationalisme provenant de l'Orient, et que se développe une approche qui relativise et historicise leurs héritages. D'après le philosophe marocain, cette attitude critique avec le passé favorisera son dépassement et son inscription dans un futur. Seule la connaissance du passé permet de ne pas le subir et facilite par conséquent une projection dans le futur.

Ainsi, M. al-Jabri préconise-t-il une dynamique interne en continuité avec sa propre tradition. En effet, il procède à une relecture de l'histoire en s'efforçant de trouver des principes modernes et rationnels dans l'héritage arabo-musulman. Mais il procède également à une construction historique dans la mesure où sa lecture du passé consiste à mettre en exergue le « combat » entre rationalisme et ce qu'il considère comme irrationnel. La reconstruction de la pensée arabe, d'après le philosophe marocain, passe par la revitalisation de la pensée d'Averroès et, plus largement, par ce que M. al-Jabri nomme la pensée occidentale, qui a une tendance rationnelle. D'ailleurs d'après l'une de ses expressions « la relève ne sera qu'averroïste ». En revanche, c'est l'école orientale qui est responsable de l'irrationalisme et de la décadence de la pensée arabe. Objectivement, cette thèse n'est pas défendable. Le représentant du courant dit irrationnel et qui a eu une influence néfaste sur la pensée arabo-musulmane est, selon lui, Avicenne. Pourtant Avicenne, qui représente cette école orientale, est bien un rationaliste et, qui plus est, un aristotélicien[35]. Il était également une personnalité scientifique, un médecin. Donc, pour Avicenne comme pour Averroès et d'autres philosophes musulmans, le

---

[35] Ces critiques sont partagées par des auteurs comme SEBTI M. (2009), MESBAHI M. (1996 : 213 et suivantes) et FILALI-ANSARY A. (1998).

vrai est accessible par la raison humaine (Sebti, 2009 : 113). En outre, Mohamed Mesbahi et Dimitri Gutas refusent l'idée d'une démarcation de la philosophie orientale comme l'appuie M. al-Jabri. M. Mesbahi insère d'ailleurs la philosophie d'Avicenne dans l'histoire de la philosophie en général depuis Aristote. À ce sujet, il ajoute qu'il s'agit d'« un progrès dans la voie d'une solution des problèmes posés par l'histoire de la philosophie depuis Aristote » (Mesbahi, 1996 : 218).

Inversons l'ordre maintenant. Lorsqu'on cherche la source qui a durablement et incontestablement marqué l'Orient en termes de mystique et de philosophie, on la trouve incarnée dans la figure d'Ibn ʿArabi (m. 1240), un Andalou de Murcie. D'ailleurs, il n'est pas le seul soufi du Maghreb. La liste est bien longue au point que l'image que l'Orient a du Maghreb au Moyen Âge est celle de la terre des grands maîtres du soufisme.

Ce n'est pas seulement au niveau de la philosophie islamique que M. al-Jabri réécrit l'histoire. En effet, il ne fait pas de distinction entre la théologie muʿtazilite et achʿarite. Selon ses propos, les deux tendances font partie de la raison indicationnelle (le savoir religieux ou théologique). Pourtant, il existe une singularité propre à chacune de ces deux tendances : la première est une théologie rationaliste et la seconde, qui tire son origine du muʿtazilisme, est une sorte de synthèse entre le courant rationaliste et traditionaliste.

Une autre remarque concerne l'avènement d'une modernité intellectuelle arabe qui, selon M. al-Jabri, doit obligatoirement s'ancrer dans le patrimoine. Pour ce faire, il nous faut renouer, dit-il, avec la période rationaliste et, principalement, avec Averroès, car ce dernier promeut la raison démonstrative. Pour M. al-Jabri, l'averroïsme représente une sorte de prolongement de la pensée d'Aristote. Dans ce cas, se réconcilier avec l'averroïsme ne signifie-t-il pas renouer avec le passé grec ? En réalité, il s'agit de renouer avec le rationalisme et le passé grec, et, plus spécifiquement, avec Aristote. C'est le raisonnement syllogistique que M. al-Jabri prône car, contrairement au raisonnement analogique qu'il désapprouve, il s'agit d'un développement intellectuel dans lequel la conclusion résulte des prémisses. La question qui nous vient à l'esprit est la suivante : ne s'agit-il pas d'un retour à Aristote en effectuant un détour par la pensée d'Averroès ? Cette démarche ne serait donc pas un véritable retour à l'héritage arabo-musulman car, d'une part,

Aristote n'est pas arabe et, d'autre part, l'islam n'est pas né à Athènes, mais à La Mecque, ce qui est contradictoire avec la volonté d'un renouveau ancré dans le patrimoine. De plus, les lecteurs critiques de M. al-Jabri soulèvent un paradoxe dans sa pensée, celui « d'admettre la pensée médiévale comme fondement à la modernité » (Finianos, 2006 : 304)

Une remarque qui découle de la précédente : on reproche à M. al-Jabri d'avoir une lecture idéologique de la philosophie islamique. Comme nous l'avons déjà noté, d'après M. al-Jabri, la problématique essentielle et la spécificité de la philosophie islamique sont d'ordre idéologique et non cognitif. Aussi, sa démarche consiste-t-elle à relier la philosophie islamique en général, mais plus particulièrement la philosophie d'Averroès, à la philosophie antique tout en essayant de garder une spécificité à la philosophie arabo-musulmane. L'une des spécificités de la philosophie islamique, en lien avec la spécificité des sociétés arabo-musulmanes, consiste à concilier le donné révélé et la raison, en d'autres mots la religion et la philosophie. Dans son étude de la philosophie islamique, sa préoccupation principale est l'impact et l'efficacité de la philosophie dans le changement de mentalité des sociétés musulmanes. M. Mesbahi ne partage pas le même point de vue car, d'après ses propos, les philosophes musulmans n'ont pas une seule problématique – celle de l'accord de la raison et de la religion –, mais plusieurs, et la production philosophique « est due à l'histoire propre de la philosophie et non pas à l'histoire politique » (1996 : 217)[36]. Ainsi, d'après cet autre penseur marocain

> ce sont les apories et la diversification des significations des termes philosophiques qui produisent les mutations dans l'histoire de la philosophie et non les racines historico-idéologiques (Mesbahi, 1996 : 214).

Le fondement de la philosophie islamique n'est donc pas seulement le rapport entre la foi et la raison.

Une troisième remarque concerne sa classification et sa critique des différentes lectures contemporaines de la tradition

---

36 D'après M. MESBAHI, la problématique qui a préoccupé les philosophes en contexte islamique est « la division dans la société humaine en trois catégories (les philosophes, les dialecticiens et les gens accessibles aux argumentations oratoires ou la grande masse).

(fondamentaliste, libérale, marxiste), M. al-Jabri ne cite pas la lecture nationaliste arabe. L'une des raisons qui explique ce silence est que cette lecture nationaliste est justement la sienne. En effet, il cherche à insérer une profondeur historique dans la conscience et la raison arabe. Et sa lecture critique du patrimoine et de la pensée arabe vise sa reconstruction et son renouveau. Mais il veut également définir les contours d'une identité commune à l'espace géographique maghrébin.

Dans son analyse, R. Marcotte qualifie la vision de l'histoire de la pensée de M. al-Jabri de vision arabo-centrique. En effet, d'une part, il identifie la première phase de développement de la langue et de la culture arabe à l'époque préislamique[37]. D'autre part, comme nous l'avons déjà vu plus haut, sa critique envers les courants intellectuels extérieurs provenant notamment du monde musulman oriental (persan) qui ont, selon lui, contaminé la pensée arabe, est virulente. C'est également, la critique faite par un penseur syrien, Gurg Tarabisi, qui lui reproche de diviser le patrimoine culturel en deux parties et de considérer que seule la pensée maghrébine est rationnelle (Finianos, 2006 : 320).

À ce propos, M. al-Jabri ne reprend pas ici la thèse de certains orientalistes, qu'il critique d'ailleurs. Comme l'avance M. Sebti, il s'agit de

> la thèse selon laquelle certains peuples seraient plus ou moins (par nature) prédisposés à pratiquer telle ou telle discipline : par exemple, les Sémites seraient dépourvus de la capacité de philosopher, à l'inverse des Indo-européens (Sebti, 2009 : 108)[38].

---

[37] Dans l'histoire de la pensée arabe, M. al-Jabri distingue trois stades de développement. Le premier stade correspond à l'époque préislamique. La deuxième phase de développement est celle de la canonisation, période au cours de laquelle naît la structure fondamentale de la raison arabe. C'est aussi à cette période que se met en place l'ordre cognitif le plus important dans la pensée, la raison indicationnelle. C'est également le moment d'une influence considérée comme néfaste, venant de l'extérieur, en provenance principalement du monde musulman oriental. Le troisième moment du développement de la pensée arabe apparaît à la période contemporaine, époque de la rencontre du monde musulman avec la culture et la pensée occidentale (le réformisme musulman).

[38] On peut citer Ernest Renan pour qui il n'y a aucun apport de la philosophie arabe et pour qui les philosophes arabes ne sont que des transmetteurs de la philosophie grecque.

D'un côté, M. al-Jabri refuse la critique pour les philosophes arabes mais, en revanche, il l'applique aux intellectuels issus du monde persan. De plus, c'est en Iraq, berceau historique du chiisme, que le monde arabo-musulman a été en contact avec la pensée chiite et la gnose, et non dans le monde persan. D'ailleurs, M. Sebti ajoute que, du point de vue historique, le chiisme et la gnose ne sont pas originellement liés à la Perse, alors que M. al-Jabri affirme le contraire.

Plus récemment, Georges Corm réitère les critiques précédentes, notamment le régionalisme de M. al-Jabri en tant que nationaliste arabe convaincu. Il revient aussi sur l'influence d'Ernest Renan sur la pensée de M. al-Jabri. En outre, G. Corm considère que M. al-Jabri

> confirme les tenants d'un islam fondamentaliste qui présentent cette religion comme un système de pensée se suffisant à lui-même, doté d'une altérité forte par rapport aux autres systèmes de pensée et structures mentales (Corm, 2015 : 246).

Nous remarquons que, pour M. al-Jabri, l'avènement de l'islam n'est pas une période fondatrice dans la pensée arabe, sa démarche étant centrée sur la langue, la culture arabe et la raison arabe qu'il considère comme étant une structure inconsciente. Contrairement à M. Arkoun, sa position quant à l'apport de l'islam dans la raison arabe peut être donc qualifiée de minimaliste. En effet, pour M. Arkoun, le fait islamique est le fondement de la personnalité arabo-musulmane. C'est pour cela que M. Arkoun parle de raison islamique tandis que M. al-Jabri parle de raison arabe. Aussi, il est important de noter que le fait d'établir une continuité entre l'époque préislamique et l'avènement de l'islam lui permet de contester les lectures idéologique et théologique liées à l'émergence de la communauté musulmane (*umma*) et donc, au final, c'est le legs bédouin qu'il remet en cause et non l'islam.

L'un des reproches fait au philosophe marocain, notamment par M. Mouaqit, est qu'il n'assume pas, de manière cohérente, les valeurs de la laïcité. Pour certains, il s'agit là d'un paradoxe de sa pensée quant aux valeurs de la laïcité. En effet, M. al-Jabri est conscient que, contrairement à la séparation du religieux et du philosophique, il n'y a pas de fondement historique à la séparation du politique et du religieux dans le monde arabo-musulman et qu'il s'agit d'un phénomène né dans le contexte européen. Néanmoins, il démontre qu'une telle séparation n'est pas contradictoire avec la tradition musulmane : il est essentiel que la pensée arabo-musulmane contemporaine recherche les finalités ainsi que les conditions et causes de la révélation (*asbāb al-nuzūl*), ce qui permet d'être plus proche de l'esprit de la révélation et de la conscience éthique (Filali-Ansary, 1998 : 159). Nous avons déjà montré que le modèle présenté comme le modèle islamique de gouvernance n'est qu'un épisode lié aux circonstances historiques représentant la première tentative de la jeune communauté à s'organiser. Il ne s'agit par conséquent pas d'un commandement divin, mais d'une expérience humaine. La manière dont la communauté s'est organisée est donc un phénomène spontané et non planifié du vivant du prophète de l'islam. La position de M. al-Jabri à l'égard de la laïcité « s'analyse comme une attitude intellectuelle négative qui se légitimise par la démonstration de l'absence d'un modèle scripturaire normatif » (Mouaqit, 1993 : 173). Pourtant, si l'on prend en compte l'importance du fait religieux dans les sociétés arabo-musulmanes pour justifier la laïcité, la démarche se fondant sur les textes scripturaires aura plus d'impact qu'un simple discours prônant une laïcité.

M. Arkoun

Comme nous l'avons déjà signalé, l'idée d'une modernité occidentale universelle est inconcevable pour M. al-Jabri. Pourtant, le retour à Averroès semble être un prétexte pour renouer avec la philosophie grecque et principalement avec Aristote. Par conséquent, sa modernité ne s'inscrit pas exclusivement dans une perspective historique arabe ; elle contient également des éléments exogènes. M. Arkoun exprime quant à lui, de manière plus explicite, son ralliement à la philosophie des Lumières et veut s'affranchir de toute référence religieuse à l'instar de ce mouvement de pensée. Ainsi, contrairement à M. al-Jabri, il ne voit pas d'inconvénient à suivre le modèle de société proposé par l'Europe. Cette attitude est souvent interprétée comme un processus d'occidentalisation, surtout si l'on considère la philosophie des Lumières comme un phénomène propre à l'Europe. D'autant plus que, dans la conscience arabo-musulmane en général, mais également parmi les intellectuels, ce moment d'effervescence intellectuelle et culturelle que constitue cette période correspond, sur le plan historique, à un moment de déclin de la pensée arabo-musulmane. Cependant, la démarche visant l'universel de M. Arkoun comprend le mouvement des Lumières comme un phénomène qui a émergé grâce à des facteurs que le monde arabe ne possède pas encore, des notions comme la rationalité, l'égalité, le progrès et la liberté de l'homme, éléments qui sont par conséquent universalisables.

Si nous examinons l'influence et la perception de la philosophie des Lumières dans le contexte arabo-musulman, nous constatons que celle-ci est souvent perçue par une partie de la population comme ayant une idéologie sous-jacente. En effet, le mouvement des Lumières est interprété par une partie des sociétés arabo-musulmanes comme un mouvement de sécularisation et d'occidentalisation. Certes, la philosophie des Lumières est antireligieuse, mais il s'agit également d'un courant de pensée contre le despotisme politique et qui accorde une place importante à la raison ; ces deux éléments sont universalisables. Néanmoins, c'est la dimension antireligieuse du mouvement des Lumières qui est retenue et considérée comme une spécificité européenne. C'est là l'une des caractéristiques du mouvement des Lumières à laquelle M. Arkoun voudrait convertir les sociétés arabo-musulmanes. Mais les sociétés musulmanes ont catégoriquement refusé cet aspect, c'est-à-dire « l'abandon franc de l'islam comme principe d'être et fondement de la société » (Djaït, 1986 : 135).

Historiquement, l'intériorisation de l'idée des Lumières a mis plus de temps, car comme nous le savons, il ne s'agit pas d'un mouvement né au sein des sociétés arabo-musulmanes. Toutefois, nous pouvons constater une influence de ce mouvement parmi l'élite arabe contemporaine. Comme l'avance Hichem Djaït, il y a « sécularisation d'une large partie de l'intelligentsia arabe actuelle » (1986 : 142)[39]. Il convient de noter également qu'il y a eu un écho de la philosophie des Lumières sur la scène intellectuelle arabe déjà au XIXe siècle, notamment au sein des intellectuels réformistes. En effet, beaucoup de réformistes souhaitaient une modernisation par un retour aux sources et avaient une approche critique vis-à-vis de l'héritage

---

39 Il a déclaré cela déjà dans les années 1980. Malgré les apparences, cette tendance s'est accentuée ces dernières années.

et parfois d'une partie de la tradition prophétique[40]. Cependant, la rupture avec le passé ne fut pas aussi radicale que celle que nous propose M. Arkoun, à savoir que pour celui-ci le retour doit être un retour critique, même envers le corpus coranique symbolisant la vérité religieuse pour un grand nombre de populations arabo-musulmanes. L'acte de rejet du Coran, un élément fondateur de la civilisation islamique, par M. Arkoun ne peut être que mal perçu par une large partie des sociétés arabo-musulmanes, ce qui limite la portée de son message.

Par ailleurs, la déconstruction de l'héritage musulman et la rupture radicale avec le passé sont-elles réellement nécessaires pour une réforme des sociétés arabo-musulmanes ? Cela n'aura-t-il pas comme conséquence de supprimer ou de priver l'inscription des sociétés arabo-musulmane dans une histoire et dans une tradition ? D'autant plus qu'en règle générale, les sociétés (et plus particulièrement les sociétés arabo-musulmanes) sont en mal d'identité. M. al-Jabri comprend bien la nécessité d'avoir un rapport plus modéré vis-à-vis du patrimoine ; il est en effet conscient de l'importance de ce dernier dans l'identité de la majorité des sociétés arabo-musulmanes. Il note d'ailleurs que la tendance générale dans le contexte arabo-musulman est de recourir à la mémoire – et non à la raison –, et cela même parmi les intellectuels arabes contemporains (Labdaoui, 1993 : 131), ce qui le pousse à prendre cet aspect en compte dans son projet de reconstruction de la pensée arabe, même si l'objectif principal de son retour au passé est de pouvoir le dépasser. Aussi, le nationalisme arabe de M. al-Jabri est-il difficilement acceptable. Là où M. Arkoun tend vers l'universalité de la philosophie des Lumières, au point d'oublier l'ancrage dans la tradition propre aux sociétés arabo-musulmanes, M. al-Jabri veut construire la singularité, parfois jusqu'à l'excès.

Ainsi, la démarche de M. Arkoun, qui touche au noyau de la croyance des sociétés arabo-musulmanes, suscite-t-elle l'hostilité, et cela même dans des milieux intellectuels attachés à la composante islamique ou à la singularité de la société. Même si

---

[40] KURZMAN C. (2002). Un ouvrage qui traite des courants modernistes en Asie (Iran, Afghanistan), en Afrique et en Europe de l'Est, et qui avait pour objectif de concilier les idéaux de la modernité et la tradition musulmane.

un processus de sécularisation est en cours dans les sociétés arabo-musulmanes, la majorité est encore attachée au référent religieux. Le fait d'interroger le processus historique de construction du Coran et de montrer que l'ensemble du corpus musulman (y compris le Coran) est en réalité une construction de l'esprit humain pose problème. En effet, le Coran et les traditions prophétiques sont des éléments qui concernent le domaine de la foi, et il est vrai que la relation du croyant à l'égard de ces deux événements n'est pas toujours rationnelle.

En revanche, la pensée de M. Arkoun a le mérite d'attirer l'attention sur les points communs entre les trois monothéismes, en parlant d'espace gréco-sémitique. Cette volonté de faire converger les trois monothéismes se retrouve également dans la pensée d'Abdennour Bidar, qui voit le monothéisme comme un mouvement historique avec une logique propre et qui doit mener à long terme à un dépassement de la religion[41].

De plus, d'après M. Arkoun, le déclin de la pensée dans le contexte musulman est inhérent à la structure même de la raison islamique, qui l'enferme dans un espace mental. Selon lui, ceci implique qu'il est nécessaire de mettre fin à la religion comme système, dans la mesure où cela enferme l'homme. Cependant, nous savons que la composante religieuse n'est pas l'unique responsable de la libération de la pensée dans le contexte arabo-musulman. D'autres facteurs comme le désœuvrement social et économique en sont responsables, ce que n'évoque pas ou peu M. Arkoun.

Un autre élément mérite d'être soulevé. Lorsque, dans ses écrits, il aborde la notion d'humanisme islamique, une question s'impose : un humanisme peut-il être religieux ? Lorsqu'il traite de la période humaniste dans un contexte musulman, il admet (jusqu'à un certain point) l'autonomie de la pensée par rapport à la religion. Néanmoins, dans le contexte musulman, ces tendances humanistes, c'est-à-dire ces esprits indépendants et cette culture humaniste, ne le sont pas suffisamment, d'après M. Arkoun, car encore enfermés dans le carcan dogmatique et au service de la religion musulmane. Tout d'abord, ne s'agit-il pas d'un anachronisme de parler d'humanisme alors que M. Arkoun considère que la pensée à cette époque est enfer-

---

41 Voir son ouvrage sur le sujet : BIDAR A. (2012).

mée dans l'espace mental médiéval ? Quant à la célèbre parole de Tawḥīdī « l'homme est un problème pour l'homme », n'est-ce pas simplement là l'attitude d'un homme résigné et déçu de ses semblables qui ne le comprennent pas ? D'ailleurs, M. Arkoun lui-même présente Tawḥīdī comme un homme déçu, estimant qu'il n'a pas la reconnaissance qu'il mérite, notamment par la cour Būyide. Dans ce cas, on est loin de l'humanisme qui met l'homme sur un piédestal[42].

Ici, d'autres questions s'imposent à la thèse de M. Arkoun : l'idéal humaniste n'est-il pas justement une libération de toute contrainte extérieure à l'homme et le refus de l'asservissement de la raison à une autorité, qu'elle soit politique ou religieuse ? Ainsi, l'expression d'humanisme islamique ne trouve-t-elle pas en son sein une contradiction interne à la formulation même ? L'humanisme n'est-il pas un concept souvent lié au combat antireligieux ? Dans ce cas, un humanisme musulman sans Dieu est-il possible ?

Lorsque M. Arkoun préconise une reconstruction humaniste de la pensée, c'est-à-dire une pensée libre de toute entrave à la religion, la question est de savoir si l'homme est vraiment libre et s'il ne subit pas en permanence des contraintes extérieures ? Une pensée sans aucune attache est-elle dès lors possible ? L'humanisme rationaliste que M. Arkoun recommande a également des prétentions universelles, mais il est important de poser la question : la raison humaine est-elle identique partout ? S'agit-il d'un universel valable en tout lieu et en tout temps ? Notons également que les catastrophes du XXe siècle nous ont montré les limites de la raison humaine. À ce propos, M. Arkoun ne cite pas beaucoup la théorie critique de l'école de Francfort. Cette tradition, née après la Seconde Guerre mondiale, porte un regard critique sur la raison séculière[43].

Un après islam est inévitable avance M. Arkoun. Cependant, la théorie de la sortie de la religion qu'il nous propose n'est pas convaincante. Selon notre auteur, l'expérience de la sortie de la religion, qui a d'abord été européenne, est en voie

---

42 Concernant l'humanisme arabe au Xe siècle, voir BERGÉ M. (1980) et KRAEMER J. (1986).

43 Ce groupe d'intellectuels développe une théorie critique ; on peut citer parmi les précurseurs Max Horkheimer, Theodor Adorno et actuellement Jürgen Habermas.

de devenir universelle. Tout d'abord, à l'heure actuelle, cette théorie – même dans un contexte européen – est discutée parmi les sociologues et les anthropologues[44]. Ensuite, les religions ont-elles réellement disparu du contexte européen ? Elles ont en effet encore une influence considérable sur la société, et cela même en Europe. Enfin, M. Arkoun ne nous explique pas en quoi consiste véritablement cette sortie de la religion. Cette ère post-islam consiste-t-elle à reléguer progressivement le religieux à la sphère privée et au for intérieur ? Ou bien s'agit-il d'une spiritualité athée ? D'une spiritualité sans religion ? Ou encore de la fin de la religion officielle ? Sur cette question, signalons la parution de l'ouvrage d'un philosophe musulman vivant en France, A. Bidar, intitulé *Comment sortir de la religion ?* Cet ouvrage semble être un prolongement du travail de M. Arkoun. En effet, d'après les propos mêmes du philosophe, lorsqu'il parle de l'apport critique de l'œuvre de M. Arkoun, alors qu'il nous dit ne pas être arkounien, « La meilleure façon d'honorer cette dette est de donner de nouveaux prolongements à son effort » (Bidar, 2011 : 153)[45]. Cet ouvrage démontre qu'il existe bien un héritage « arkounien » et que son approche de la religion suscite débat.

Ceci nous amène à une question qui nous semble importante : est-ce que la conscience religieuse n'a pas la possibilité, à l'heure actuelle, avec les outils que nous offre la modernité, d'être une conscience réfléchie, contrairement à ce que dit M. Arkoun, pour qui la pensée religieuse est dépourvue de tout contenu raisonnable ? Il est vrai que, pour cela, la raison religieuse doit être disposée à écouter le discours critique, à accepter le pluralisme et les acquis de la modernité, telle que la démocratie par exemple.

En revanche, deux éléments nous semblent importants dans la pensée de M. Arkoun dans notre contexte européen : d'une part, la notion de Salut qu'il met en évidence aussi bien dans les faits islamiques que coraniques, ce qui permet un rapprochement avec le christianisme. D'autre part, sa notion d'espace gréco-sémitique permet de trouver ce qui est commun

---

[44] Voir notamment HERVIEU-LÉGER D. (1996), CHARLIER-DAGRAS M. D. (2002).

[45] Il pose d'ailleurs aussi la question de savoir ce que signifie une sortie du religieux, avec ou sans religion et spiritualité.

aux trois monothéismes, contrairement au concept judéo-chrétien qui, selon notre auteur, exclut l'islam. Ceci permet à nos yeux un ancrage de la minorité musulmane en Europe.

Pour conclure, l'une des caractéristiques de la pensée contemporaine est que, d'une part, il y a ceux qui « rêvent » d'un passé glorieux, mais ce passé appartient justement au passé, donc aux gens de son époque, et que, d'autre part, des penseurs comme M. al-Jabri, M. Arkoun et les modernistes, rêvent d'un futur détaché du passé : en effet, comme nous l'avons déjà souligné, même le retour au passé de M. al-Jabri a pour but de mieux se détacher et de le dépasser. Tous deux rêvent et s'accordent sur l'oubli du présent : par exemple, ils ne prennent pas en compte les aspirations des gens à une spiritualité ; ils rejettent, chacun à leur manière, la mystique musulmane. De plus, le futur se fonde sur le présent qui est lié au contexte présent. Le futurisme de M. al-Jabri, comme celui de M. Arkoun, est sans fondement dans le présent des sociétés arabo-musulmanes. Toutefois, il peut être le point de départ d'un mouvement de réflexion parmi les nouveaux penseurs arabo-musulmans.

3. ACCUEIL DE LEURS PENSÉES DANS L'OPINION PUBLIQUE MUSULMANE

Ces deux penseurs ont des projets ambitieux concernant la réforme des sociétés arabo-musulmanes. Aussi, leur analyse critique envers le patrimoine a-t-elle suscité une hostilité envers leurs pensées et manque-t-elle d'impact au sein du grand public. Il y a un certain nombre de facteurs qui expliquent leurs difficultés à faire émerger leurs pensées hors du champ académique. Nous allons d'abord voir les raisons communes aux deux auteurs et nous tenterons ensuite de déterminer les particularités de chacun des deux auteurs liées à leur contexte et à leurs pensées.

Le premier facteur qui explique le peu d'emprise sur l'opinion publique est sans doute le style académique utilisé ; s'il donne une légitimité scientifique certaine à leur travail, il présente l'inconvénient d'être difficilement compris par un large public. Étant donné qu'il s'agit de penseurs menant une réflexion critique sur le patrimoine et apportant des pistes sur les conditions d'accès à une modernité des sociétés arabo-musulmanes, ils espèrent exercer une influence sur l'opinion publique. Cependant, il est difficile de concilier les exigences d'une pensée rigoureuse et la transmission à un auditoire diversifié. Conscients de l'importance d'avoir un écho dans et hors de la communauté musulmane, les deux intellectuels participent à des conférences et multiplient les interviews dans les médias. M. al-Jabri est décrit comme un bon pédagogue, son souci didactique provenant aussi du fait qu'il a une expérience de journaliste et d'enseignant dans le secondaire et à l'université. M. Arkoun, quant à lui, tente aussi de vulgariser sa pensée. À la fin de sa vie, il se rend par exemple souvent au Maroc pour y donner des conférences. Toutefois, leurs écrits et leurs interventions dans les médias et à travers les conférences s'adressent principalement à une élite. Notons également que nous sommes encore dans des sociétés où le taux d'alphabétisation demeure faible. Aussi, comme le note Alain Roussillon au sujet du discours de ces nouveaux intellectuels, « fort peu de relais existent pour faire passer un message restant, pour l'essentiel, confiné dans des cercles élitistes » (Roussillon, 2005 : 180 et suivantes). Pour nuancer notre propos, il est cependant important de noter que l'on assiste à une transformation au sein de ces sociétés. Il existe effectivement un accès plus important à l'école et à un enseignement modernisé dans les pays maghrébins. Même si de nombreux auteurs signalent que, dans les pays maghrébins, le système éducatif ne donne pas toujours accès aux outils de la critique moderne.

Un second facteur qui nous semble important concerne le jugement que porte sur eux l'opinion publique. En effet, le fait d'être des intellectuels séculiers qui s'expriment sur des sujets liés à la religion soulève la question de la légitimité. Ainsi, aux yeux de la population musulmane, ils n'ont aucunement la légitimité d'aborder ce genre de problématique. En effet, ils n'appartiennent pas au corps des savants traditionnels (les oulémas). De plus, ils ne sont pas issus de l'enseignement religieux traditionnel. Aussi, leurs idées de modernisation et de rationalisation peuvent-elles être interprétées comme des éléments exogènes. En effet, encore trop souvent, au sein de l'opinion publique, on assimile la modernisation à l'occidentalisation et au rejet de la religion.

Distinguons maintenant la singularité de chacun des deux auteurs. Le public auquel sont destinés leurs écrits n'est pas le même. De plus, le degré de résistance à leurs productions intellectuelles dépend de plusieurs facteurs : du degré de rupture proposé avec le patrimoine, du mode de diffusion de leurs pensées, du milieu social et du lieu où se déploient leurs critiques. Ils sont certainement appréciés différemment selon l'auditoire auquel ils s'adressent.

M. al-Jabri a un projet de reconstruction sociétal et culturel : il espère jouer un rôle dans le devenir de la collectivité arabe en la menant au développement et souhaite intégrer un maximum de personnes, mêmes les plus religieux, dans son projet culturel. Il aurait tenu des propos allant dans ce sens affirmant vouloir également intégrer les « rangées des prieurs » dans son projet culturel (Labdaoui, 1993 : 151), raison pour laquelle il s'intéresse au phénomène religieux. Cependant, M. al-Jabri évolue dans sa pensée. Il y a une première étape où, comme l'affirme A. Filali Ansary, c'est seulement lorsqu'il publie dans des revues destinées à un large public qu'il écrit sur des sujets liés à l'actualité, et donc aussi à la religion (Filali-Ansary, 1998 : 156). En effet, dans ses premières publications, il s'intéresse à la critique de la raison arabe et aux problématiques en lien avec la modernisation des sociétés arabo-musulmanes. Ainsi, au départ, la religion n'est pas un domaine vers lequel il oriente ses recherches. Il est plutôt philosophe et historien des idées, et ses premières recherches, comme nous l'avons vu, portent sur la compréhension des mécanismes de la raison arabe. Vivant dans une société majoritairement musulmane, il est conscient que ces sociétés veulent, dans leur grande majorité, maintenir leur identité religieuse et culturelle. Enfin, dans une conférence donnée à Tunis en 1984, citée par A. Labdaoui, concernant la nécessité de ne pas se faire exclure par la communauté, M. al-Jabri aurait dit :

> Nous heurtons le public si nous examinons certaines problématiques ; il nous est indispensable de nous prémunir. C'est une nécessité dictée par la pédagogie de l'enseignement. Nous pouvons ainsi évoquer tous les problèmes concernant la recherche scientifique fondamentale au plus haut niveau (Labdaoui, 1993 : 150).

Ce qui explique peut-être son succès : effectivement il s'agit non seulement d'un auteur qui vend un grand nombre de livres, mais la pensée de M. al-Jabri est également étudiée au sein des universités marocaines et arabes. Dans les années 1990, parce qu'il prône une continuité avec l'héritage rationaliste de la pensée musulmane, ce qu'il appelle « un bloc historique », M. al-Jabri est accusé par M. Mouaqit de tomber dans le néo-salafisme car, selon ce dernier, son « compromis historique » indique « l'inflexion de son discours dans un sens salafiste marqué » (Mouaqit, 1998 : 68).

Pour M. Arkoun, il y a, d'une part, le public européen en général, mais plus particulièrement le public français (notamment les académiciens qui ont participé à sa formation) et, d'autre part, le public musulman, plutôt francophone et lettré, même si à la fin de sa vie il tente une vulgarisation de sa pensée y compris dans le monde arabe. D'après Constant Hamès, ses écrits visent également ceux qui ont participé à l'élaboration de sa pensée, aussi bien sur le plan sociologique, qu'intellectuel et émotionnel (Hamès, 1985 : 188), c'est-à-dire les islamologues comme lui. Nous pouvons donc affirmer que les catégories sociales auxquelles chacun des deux auteurs s'adresse sont différentes. Cependant, il est important de signaler que l'aire culturelle arabo-musulmane est traversée de plusieurs disparités : actuellement, la pensée de M. Arkoun intéresse beaucoup de nouveaux penseurs même dans le contexte islamique. C'est également l'avis d'Ursula Günther qui se spécialise dans la pensée de M. Arkoun[46]. Celle-ci le présente comme un chercheur-penseur révolté et avant-gardiste qui ouvre de nouveaux champs de recherche en introduisant des impensés et impensables au sein de la nouvelle scène intellectuelle musulmane (Günther, 2013 : 65).

Une des difficultés majeures de l'accueil de la pensée de M. Arkoun parmi le public musulman est due à l'ambiguïté de sa démarche, qui part d'une réflexion de l'intérieur de la religion musulmane pour une sortie de celle-ci. En effet, comme le

---

46 Elle a notamment publié la monographie la plus achevée sur la pensée de M. Arkoun : *Mohammed Arkoun : ein moderner Kritiker der islamischen Vernunft* en 2004. De plus, elle a publié une série d'articles en anglais sur ses idées.

signale un de ses étudiants, Mohamed-Chérif Ferjani, c'est le paradoxe de M. Arkoun « entre une réflexion « scientifique » et « interne » à une pensée déterminée qui est, en plus, l'objet de cette réflexion » (Ferjani, 2001 : 20).

Pour conclure, comme le montrent en partie les mouvements de contestation en Afrique du Nord dans les dernières années, la modernité tente les sociétés arabes. Les événements récents remettent en question une adhésion sans religion à cette modernité. Ces sociétés émergentes négocient la modernité tout en maintenant, voire renforçant, le référentiel islamique. Les idées de M. al-Jabri en faveur d'un projet graduel pourraient trouver plus d'échos et réconcilier les différentes élites en présence. Quant au projet de M. Arkoun, il est irrecevable dans l'état actuel des sociétés musulmanes. En revanche, ses réflexions se prolongent parmi des intellectuels musulmans européens tels Rachid Benzine et Abdennour Bidar.

4. EN GUISE DE CONCLUSION

L'émergence d'une réflexion critique sur les conditions d'une modernité arabo-musulmane commence déjà au XIXe siècle, celle-ci étant dès le départ liée à la rencontre avec l'Europe. D'ailleurs, la pensée et le discours arabo-musulman sont souvent construits de façon dialectique avec l'Occident, mais également avec les valeurs qu'il représente, notamment la modernité.

Mais l'évolution de la pensée arabo-musulmane n'est pas linéaire. Il y a eu des moments de rupture et de durcissement par rapport aux discours des réformistes des premiers temps, notamment avec la pensée de S. Qutb (m. 1966). Ainsi, la pensée arabo-musulmane contemporaine est-elle fortement liée au contexte géopolitique. En effet, elle est totalement ancrée dans la réalité historique et les événements sociopolitiques qui traversent le monde musulman. Aussi, la problématique du progrès, de modernisation et de démocratisation a-t-elle suscité une diversité de réponses, parfois même contradictoires selon l'époque, le contexte dans lequel se déploie la pensée, la formation et les orientations idéologiques. En effet, il existe une pluralité d'interprétations et de voies proposées pour une modernisation des sociétés arabo-musulmanes. Il y a également différentes manières de vivre et de penser l'islam aujourd'hui.

D'ailleurs, la manière de vivre et d'interpréter l'islam a très tôt été plurielle ; il suffit de voir les différents courants qui sont nés au début de l'islam (chiisme, sunnisme, kharijisme, mu'tazilisme, etc.). L'islam se conjugue au pluriel, pour reprendre l'expression de R. Marcotte dans l'ouvrage *Un islam, des islams*. Néanmoins, deux grandes tendances se dessinent progressivement, et ce dès le XIXe siècle : d'une part, un courant réformisme traditionaliste, et, d'autre part, le réformisme qui a pour objectif de moderniser les sociétés arabo-musulmanes en actualisant le référent religieux, mais qui est également un retour critique aux sources. Une compétition entre ces deux tendances existe d'ailleurs toujours à l'heure actuelle.

La scène intellectuelle arabo-musulmane subit une transformation importante du fait de la généralisation dans les pays arabo-musulmans d'un système d'enseignement de type moderne à côté d'un enseignement traditionnel. Cela a pour conséquence l'émergence d'un nouveau type d'intellectuel. En effet, progressivement, il y a une autonomisation d'un « champ religieux », représenté essentiellement par des savants religieux, en opposition à un « champ intellectuel », investi principalement par des intellectuels séculiers. Les représentants du second courant s'intéressent également aux problématiques liées à l'islam et investissent ainsi le champ des études islamiques qui était auparavant réservé uniquement aux savants religieux (*'ulamā'*) (Filali-Ansary, 1998 : 168). Cependant, il est important de noter que les frontières entre les deux courants sont poreuses. Par ailleurs, au sein de chaque courant, on peut faire des distinctions dans les tendances observées. Par exemple, entre un clerc traditionaliste et un clerc moderniste, il existe également des intellectuels ayant une formation complètement moderne, mais qui restent attachés au référent religieux, et d'autres qui se déclarent clairement athées (Roussillon, 2005 : 15). De plus, une relation dynamique peut avoir lieu entre les deux tendances. Les penseurs de chacune de ces tendances se critiquent mutuellement, le moderniste n'hésitant pas à accuser les savants traditionnels d'être obscurantistes. De leur côté, les savants traditionnels accusent les intellectuels séculiers de vouloir corrompre la société et d'être antireligieux.

C'est au sein de ce courant d'intellectuels séculiers que l'on trouve également les « nouveaux penseurs », et que les propositions pour le renouvellement de la pensée arabo-musulmane sont les plus audacieuses. L'analyse des initiatives théoriques de ces deux penseurs nous montre la complexité du sujet concernant les conditions d'une modernité arabo-musulmane. Ceux-ci nous semblent devenir deux auteurs incontournables dans le cadre d'une pensée qui s'inscrit dans un processus de modernisation, car allant au-delà des raccourcis et des énoncés réducteurs, menant une réflexion rigoureuse (bien que nous ayons parfois constaté la limite de celle-ci) dans leurs analyses de l'héritage du patrimoine musulman, et prônant également une interprétation contextualisée et historicisée de la religion. Ils ont pratiquement écrit à la même période, au milieu des années 1980 : M. al-Jabri a rédigé *La critique de la raison arabe* et M. Arkoun *Critique de la raison islamique*.

Pour rappel, le point de vue de M. al-Jabri consiste à réformer l'islam de l'intérieur, par une critique sélective. Il rejette les aspects théologico-juridiques et soufis de l'islam tout en maintenant ses aspects philosophiques et scientifiques. Sa perspective permet une cohabitation entre l'identité musulmane, le nationalisme arabe et une certaine conception de la laïcité. M. al-Jabri préconise une reconstruction de la religion sur base de la philosophie. Il cherche la modernité arabo-musulmane dans un fragment rationnel du passé.

Comme nous le savons, rejeter les traditions du passé, le Coran et la *sunna* en particulier, pose un problème puisque ces traditions constituent le socle de l'islam. M. al-Jabri propose de déconstruire la culture traditionnelle autour du texte (en tout cas en partie) et ne touche pas à la sacralité du texte lui-même, une démarche que M. Arkoun va critiquer. M. al-Jabri souhaite une reconstruction de la pensée et de la culture arabe par le retour à l'héritage rationaliste d'Ibn Rushd (M. 1198), connu en Occident sous le nom d'Averroès. Sa critique de la raison arabe se fait à partir d'une relecture épistémologique de l'histoire de la pensée arabe. D'un côté, il prône une continuité avec le passé maghrébo-andalou et, de l'autre, une rupture avec ce qu'il nomme la « déraison », et il critique plus particulièrement la pensée orientale qu'il qualifie d'hermétique. Il oppose le monde arabe au monde persan. Il émet une critique de la raison arabe classique, mais aussi du discours arabo-musulman contemporain ; autrement dit, il critique les courants fondamentalistes, qui se réfèrent à certaines périodes du passé, mais également la tendance libérale, qui se calque sur la modernité occidentale sans tenir compte de sa propre singularité. En effet, comme le fait M. al-Jabri, il est important d'ancrer son discours dans une culture pour que ce dernier ait un impact. Néanmoins, le faire en proposant une image négative des penseurs orientaux est contraire à la vérité historique (et donc très facilement « rejetable ») et contre-productive.

Pour sa part, M. Arkoun défend une islamologie appliquée et prône la sortie du religieux comme condition d'une modernité arabo-musulmane. Selon lui, la modernité, bien qu'elle soit inspirée d'un passé arabo-musulman humaniste, ne doit pas être religieuse. M. Arkoun adopte une approche anthropologique : il déconstruit l'autorité et l'idée même d'un texte sacré. Pour lui, la source de la violence, de l'irrationalité et de la décadence qu'il décèle dans le monde arabo-musulman actuel, réside dans la sacralisation du religieux. D'où la nécessité d'une critique radicale qui ne touche pas uniquement des secteurs spécifiques de la culture arabo-musulmane. M. Arkoun appelle à la critique de la raison islamique, y compris celle du Coran, en tant que texte religieux. Selon ses propos, il faut libérer la pensée islamique de ses propres barrières dogmatiques ; la déconstruction de la pensée religieuse se fait à partir de l'apport des sciences humaines. C'est pourquoi il met en avant des notions comme « fait islamique » ou « fait coranique » pour souligner l'historicité de la religion musulmane. L'enseignement religieux lui-même doit également être interrogé par la raison. C'est une rupture avec le savoir mythique que veut M. Arkoun.

Al Jabri prône un renouveau de la pensée arabe tandis que M. Arkoun penche plutôt pour la subversion de la pensée islamique. Pour M. Arkoun, il faut abandonner les fausses spécificités. Selon M. al-Jabri, le renouveau de la pensée ne peut durer qu'au moyen des ressources internes qui mènent à la modernité. Le philosophe marocain insiste aussi sur la composante islamique dans l'identité arabo-musulmane. Concernant l'accès à la modernité, M. al-Jabri refuse la séparation et la distinction entre les valeurs modernes et les valeurs issues de la tradition. M. Arkoun, quant à lui, refuse « théoriquement et méthodologiquement, à produire une représentation spécifiquement musulmane du savoir et de la religion » (Roussillon, 2005 : 108 et suivantes).

À ce propos, M. Arkoun ne fait pas de distinction entre intellectuels arabes et occidentaux. Selon lui, l'opposition doit se faire entre ceux qui ont une formation classique dominée par « le modèle aristotélico-platonicien » – même lorsqu'il est actualisé par un Descartes ou un Kant – et la formation moderne qui intègre la « philosophie du soupçon », comme par exemple Freud, Nietzsche, Marx etc. (Arkoun, 1973 : 307). Nous nous demandons dès lors si la distinction que fait M. Arkoun ne pourrait s'appliquer à lui-même ainsi qu'à M. al-Jabri ? On situerait dès lors M. al-Jabri dans le « modèle aristotélico-platonicien » et M. Arkoun lui-même dans la « philosophie du soupçon ».

Quelques remarques pour conclure. Il y a une transformation irréversible au sein des sociétés traversées par le fait islamique. Elles sont façonnées par trois phénomènes : l'individualisation, la sécularisation et la mondialisation. En effet, dans le monde arabe, il y a une tendance à l'individualisation et à la sécularisation des comportements, y compris religieux. Ensuite, la sécularisation et l'individualisation des comportements mènent à la fin du référent religieux comme principe global régissant la société. Cela remet donc en question les interprétations holistiques de certains auteurs musulmans. Enfin, la troisième évolution concerne la mondialisation de l'islam : d'une part, par la déterritorialisation (par exemple, la nouvelle présence d'une minorité musulmane en Occident) et, d'autre part, par la reconfiguration du champ intellectuel musulman qui se globalise (Roussillon, 2005). La scène intellectuelle arabe est également plurielle. Elle est effectivement traversée par de nombreux acteurs et courants, ce qui nous permet d'affirmer que nous sommes entrés dans une nouvelle ère, même si les questionnements de ces nouveaux intellectuels ne sont pas toujours bien accueillis par la majorité des populations musulmanes, surtout lorsque ceux-ci touchent à ce qu'elles considèrent comme étant sacré. Pourtant, il existe une demande de la part d'une partie de la population du monde arabo-musulman et de certains musulmans européens pour une réactualisation et d'un renouvellement de la pensée arabo-musulmane.

Bibliographie

ABU-RABI' Ibrahim M. (2004), *Contemporary Arab Thought: Studies in post-1967 Arab Intellectual History*, London, Pluto Press.

AKSIKAS Jaafar (2009), *Arab Modernities: Islamism, Nationalism, and Liberalism in the Post-Colonial Arab World*, New York, Peter Lang.

AL-JABRI Mohammed (1994), *Introduction à la critique de la raison arabe*, Paris, La Découverte.

AL-JABRI Mohammed (1994), « Extrémisme et attitude rationaliste dans la pensée arabo-islamique », in *L'islamisme*, Paris, La Découverte, p. 29-36.

AL-JABRI Mohammed (1995), *Les intellectuels dans la civilisation arabe* (*al-Muthaqqafūn fī al-ḥaḍāra al-'arabisa)* [Ouvrage en langue arabe uniquement).

AL-JABRI Mohammed (1999), *Arabic-Islamic Philosophy: A Contemporary Critique*, Austin, University of Texas Press.

AL-JABRI Mohammed (2007), *La raison politique en islam : hier et aujourd'hui*, Paris, La Découverte.

AL-JABRI Mohammed (2011), *The Formation of Arab Reason: Text, Tradition and the Construction of Modernity in the Arab World,* London, Tauris.

AOUATTAH Ali (2001), *Pensée et idéologie arabes : Figures, courants et thèmes au XXe siècle*, Paris, L'Harmattan.

ARFA-MENSIA Mokdad (1998), *Actualité d'Averroès*, colloque du Huitième centenaire, Carthage, Beït al-Hikma.

ARKOUN Mohammed (1970), Contribution à l'étude de l'humanisme arabe aux IVe/Xe siècles : Miskawayh, philosophe et historien, Paris, Vrin, coll. « Études musulmanes – 12 ».

ARKOUN Mohammed (1973), *Essais sur la pensée islamique*, Paris, Maisonneuve & Larose.

ARKOUN Mohammed (1975), *La Pensée arabe,* Paris, PUF.

ARKOUN MOHAMMED (1982), *Lectures du Coran*, Paris, Maisonneuve & Larose.

ARKOUN Mohammed (1984), *Pour une critique de la raison islamique,* Paris, Maisonneuve & Larose, coll. « Islam d'hier et d'aujourd'hui – 24 ».

ARKOUN Mohammed (1987), « Réflexions sur la notion de "raison islamique" », *Archives des sciences sociales des religions, 63* (1), p. 126-132.

ARKOUN Mohammed (1989), *Ouvertures sur l'Islam*, Paris, Grancher, coll. « Ouvertures »

ARKOUN Mohammed (1989), « Actualité du problème de la personne dans la pensée islamique », *Die Welt des Islams, 29* (1/4), p. 1-29.

ARKOUN Mohammed (1999), « Peut-on parler d'humanisme en contexte islamique ? », *Israel Oriental Studies*, 10, p. 2-11.

ARKOUN Mohammed (2006), *Humanisme et Islam : combats et propositions*, Paris, Vrin, coll. « Études musulmanes ».

ARKOUN Mohammed, BENZINE Rachid et Schlegel Jean-Louis (Entretiens) (2012), *La construction humaine de l'Islam*, Paris, Albin Michel.

ARKOUN Sylvie (2014), *Les vies de Mohammed Arkoun*, Paris, PUF.

BELHAJ Abdessamad (2009), « Perspectives sur le concept du bayān d'al-Šāfi'ī à al-Ǧābirī », *Acta Orientalia Academiae Scientiarum Hungaricae*, *62* (4), p. 395-404.

BENZINE Rachid (2004), *Les nouveaux penseurs de l'islam*, Paris, Albin Michel.

BERGÉ Marc (1980), *Pour un humanisme vécu : Abu Hayyan al-Tawhidi*, Damas, Institut français de Damas.

BIDAR Abdennour (2011), « Mohammed Arkoun et la question des fondements de l'islam », *Esprit*, 2, p. 150-175.

BIDAR Abdennour (2012), *Comment sortir de la religion ?* Paris, La Découverte.

CARRÉ Olivier (1985), « Aux sources des frères musulmans radicaux : la lecture du Coran par Sayyid Qutb », *Arabica, 32* (3), p. 261-288.

CHARLIER-DAGRAS Marie-Dominique (2002), *La laïcité française à l'épreuve de l'intégration Européenne : Pluralisme et convergences*, Paris, L'Harmattan.

CORM Georges (2015), Pensée et politique dans le monde arabe : contextes historiques et problématiques, XIXe-XXIe siècles, Paris, La Découverte.

DJAÏT Hichem (1986), « La pensée arabo-musulmane et les Lumières », *Le Débat, 42* (5), p. 134-144.

DOURARI Abderrezak (2000), « De la laïcité en Islam selon Mohammad Abid Al-Jâbirî », *Insaniyat – Revue algérienne d'anthropologie et de sciences sociales*, 11, p. 75-97.

DUBOIS Olivier, « Contribution à une bibliographie de Mohammed Arkoun », *Arabica, 60* (5), p. 473-515.

FAKHRY Majid (2007), *Histoire de la philosophie islamique*, [traduit par Marwan Nasr], Paris, Cerf.

FERJANI Mohamed-Chérif (2001) « Les apports de Mohammed Arkoun à l'étude des faits religieux », *Études maghrébines*, 13, p. 14-21.

FILALI-ANSARY Abdou (1998), « Can Modern Rationality Shape a New Religiosity? Mohamed Abed

Jabri and the Paradox of Islam and Modernity », in COOPER John, NETTLER Ronald L., MAHMOUD Mohamed (Eds.), *Islam and Modernity: Muslim Intellectuals Respond*, London, Tauris, p. 156-171.

FILALI-ANSARY Abdou (1999), « L'averroïsme des penseurs musulmans contemporains », *Horizons maghrébin/Le droit à la mémoire*, 40 – *L'actualité d'Averroès*, Presses du Mirail, p. 43-50.

FILALI-ANSARY Abdou (2003), *Réformer l'islam ? Une introduction aux débats contemporains*, Paris, La Découverte.

FINIANOS Ghassan (2006), *Islamistes, apologistes et libres penseurs*, Pessac, Presses universitaires de Bordeaux.

GÜNTHER Ursula (2013), « Mohammed Arkoun – An Intellectual in Revolt », *Middle East – Topics & Arguments*, 1, p. 63-67.

GUTAS Dimitri (2002), « The Study of Arabic Philosophy in the Twentieth Century », *British Journal of Middle Eastern Studies*, 29, p. 5-25.

HAMES Constant (1985), « Mohammed Arkoun et la pensée islamique : pour un sursaut », *Archives des sciences sociales des religions, 60* (2), p. 187-193.

HERVIEU-LÉGER Danièle (1996), « Production religieuse de la modernité : les phénomènes du croire dans les sociétés modernes », in CAULIER Brigitte (dir.), *Religion, sécularisation, modernité. Les expériences francophones en Amérique du Nord*, Québec, Les Presses de l'Université Laval, p. 37-58.

KURZMAN Charles (2002), *Modernist Islam, 1840-1940: A Sourcebook*, New York, Oxford University Press.

KRAEMER Joel (1986), *Humanism in the Renaissance of Islam: the Cultural Revival during the Buyid Age*, Leyde, Brill.

LABDAOUI Abdellah (1993), *Les nouveaux intellectuels arabes*, Paris, L'Harmattan.

LAOUST Henri (1983), *Les schismes dans l'Islam*, Paris, Payot.

MARCOTTE D. Roxanne (2010), *Un islam, des islams ?*, Paris, L'Harmattan.

MESBAHI Mohamed (1996), « L'état actuel de la recherche en histoire de la philosophie islamique au Maroc », *Bulletin d'études orientales*, 48, p. 213-223.

MOUAKIT Mohammed (1998), « L'horizon du post-salafisme dans la pensée de Laroui et d'Al Jabri », *NAQD*, 11, p. 59-68.

MOUAQIT Mohammed (1993), « Mohamed Abed M. al-Jabri, rationalisme et laïcisme », in Collectif (dir.), *Penseurs maghrébins contemporains*, Casablanca, Eddif, p. 153-175.

PUIG MONTADA Josep (2005), « 'Abd al-Jabri », in BORCHERT Donald M. (Ed.), *Encyclopedia of Philosophy*, Detroit, Thomson Gale/Macmillan Reference USA, p. 129-130.

ROUSSILLON Alain (2005), *La pensée islamique contemporaine : acteurs et enjeux*, Paris, Téraèdre, coll. « L'Islam en débat ».

SEBTI Meryem (2009), « Le déclin de la pensée dans le monde arabe selon Muhammad 'Âbid al-Jâbirî », *Diogène, 226* (2), p. 106-116.

STRAUSS Leo (1989), *La persécution et l'art d'écrire*, Paris, Presses pocket.

URVOY Dominique (2006), *Histoire de la pensée arabe et islamique*, Paris, Seuil.

VON KÜGELGEN A. (1994), *Averroes und die arabische Moderne : Ansätze zu einer Neubegründung des Rationalismus im Islam,* Leyde, Brill.

VON KÜGELGEN A. (1996), « A Call for Rationalism: 'Arab Averroists' in the Twentieth Century », *Alif (Journal of Comparative Poetics)*, 16, p. 97-132.

Table des matières

Achevé d'imprimer par Corlet Numérique - 14110 Condé-sur-Noireau
N° d'Imprimeur : 711930 - Avril 2017 - Imprimé en France